Terapeutas criativos

CIP-BRASIL. CATALOGAÇÃO NA PUBLICAÇÃO
SINDICATO NACIONAL DOS EDITORES DE LIVROS, RJ

A641t

Antony, Sheila
Terapeutas criativos : Gestalt-terapia com crianças, adolescentes, adultos e famílias / Sheila Antony, Daniela Bai. - 1. ed. - São Paulo : Summus, 2025.
128 p. ; 21 cm.

ISBN 978-65-5549-156-2

1. Psicoterapia. 2. Gestalt-terapia. I. Bai, Daniela. II. Título.

25-96500 CDD: 616.89143
CDU: 615.851:159.9.019.2

Meri Gleice Rodrigues de Souza - Bibliotecária - CRB-7/6439

Terapeutas criativos

Gestalt-terapia com crianças, adolescentes, adultos e famílias

SHEILA ANTONY
E DANIELA BAI

TERAPEUTAS CRIATIVOS
Gestalt-terapia com crianças, adolescentes, adultos e famílias

Editora executiva: **Soraia Bini Cury**
Revisão: **César Carvalho**
Capa: **Alberto Mateus**
Ilustrações: **Paula Larissa Fernandes e Ana Clara de Oliveira Pessôa**
Projeto gráfico: **Crayon Editorial**
Diagramação: **Natalia Aranda**

Summus Editorial
Departamento editorial
Rua Itapicuru, 613 – 7º andar
05006-000 – São Paulo – SP
Fone: (11) 3872-3322
http://www.summus.com.br
e-mail: summus@summus.com.br

Atendimento ao consumidor
Summus Editorial
Fone: (11) 3865-9890

Vendas por atacado
Fone: (11) 3873-8638
e-mail: vendas@summus.com.br

Impresso no Brasil

Dedicamos este livro às crianças,
aos adolescentes e aos adultos que
estiveram em nosso caminho com sua
singularidade existencial, seu sofrimento
único e sua capacidade de se recriar,
possibilitando nosso crescimento
profissional e o desenvolvimento da
sensibilidade intuitiva e amorosa
perante a vida humana.

Sumário

Prefácio

Com alegria e comprometimento, recebi o convite para prefaciar mais uma obra da querida Sheila, desta vez em parceria com Daniela. Juntas, elas compartilham suas experiências como Gestalt-terapeutas criativas, trazendo diversos recursos terapêuticos que nos convidam a experimentar, criar e ousar com nossos clientes. Passeei pelas páginas deste livro com a curiosidade de uma criança diante de uma caixa de brinquedos, que se encanta, explora, mexe, remexe, vira, revira, pinta, colore, descolore e reconfigura inventando histórias. Foi com esse espírito criador que li e reli este livro, me encantando com a preciosidade de recursos que ele contém.

Como psicólogos, estamos sempre em busca de recursos que possam auxiliar as pessoas que atendemos a expressar dificuldades e sentimentos, aceitar limitações e reconhecer possibilidades. E lá vamos nós — estudos, leituras, atendimentos, supervisões, busca de técnicas e criatividade. A Gestalt-terapia considera o cliente em sua singularidade; assim, todo recurso utilizado não advém de sessões estruturadas, mas de "oportunidades" — da percepção do terapeuta, do momento em que a relação terapeuta-cliente pede um experimento. Momentos de criatividade.

O terapeuta criativo é o profissional que une a arte à psicologia para auxiliar seus pacientes a explorar suas emoções, experiências e seus pensamentos de maneira única e inovadora. Incorporando diferentes formas de expressão artística — como a pintura, a dança, a escrita e a música —, o terapeuta criativo promove um ambiente seguro e acolhedor para que o paciente se sinta confortável para se expressar e se autoconhecer.

Por meio da criatividade, o terapeuta auxilia o paciente a acessar partes de si mesmo que podem estar escondidas ou ser difíceis de compreender apenas com a fala. Mediante diferentes formas de expressão artística, é possível explorar questões profundas, confrontar traumas passados, descobrir novas perspectivas e encontrar soluções para os desafios atuais.

O terapeuta criativo incentiva a experimentação, a autenticidade e a autoexpressão, proporcionando um espaço de liberdade e descoberta. Com sua abordagem inovadora e sensível, ele capacita seus pacientes a experimentarem novas maneiras de ser no mundo.

> A psicoterapia como ciência se constitui como a arte do encontro, do diálogo e da cura. Sua essência é ser um encontro profundamente humano e vivo entre duas pessoas que se honram, porém alicerçado em sólidos princípios teóricos, de modo que a práxis terapêutica seja conduzida com conhecimento, saber e cuidado, visando à restauração da capacidade de amar e confiar em si e no próximo.[1]

1. Antony, Sheila. *Cuidando de crianças – Teoria e arte em Gestalt-terapia*. Curitiba: Juruá, 2012.

Este livro é um verdadeiro presente, composto de recursos e técnicas que trazem à tona ou fazem emergir figuras escondidas no fundo das vivências dos pacientes. Entrar em contato com tais figuras amplia a *awareness* dos clientes e, por que não, do próprio psicoterapeuta.

Com ludicidade, Sheila e Daniela trazem a arte e a ciência para crianças, adolescentes, adultos e famílias.

A criança naturalmente brinca, usando a arte com espontaneidade, sentimento e prazer. Ao brincar, "resolve" situações pendentes de seu dia, ensaiando experiências futuras. Sheila e Daniela aproveitam esse dom da criança para introduzir temas como medo, polaridades (o fraco e o forte, o bem e o mal), dificuldades, desenvolvimento, corpo, amizades, segredos e outros.

Nos atendimentos de adolescentes, sempre precisamos de mais recursos norteadores para nossas sessões. O livro apresenta tópicos importantes sobre essa instigante etapa da vida, como autoestima e autonutrição, autoconhecimento, sentimentos, emoções, potencial, força interior, família e tantos temas relevantes nessa fase, mobilizando o adolescente a entrar em contato consigo. Ferramentas que (ufa!) nos auxiliam nos atendimentos.

E que riqueza de material proposto na psicoterapia de adultos: autoconhecimento, possibilidades de revisitar passagens da infância, meditação e relaxamento, conhecimento do corpo e, é claro, relacionamentos.

Com relação ao atendimento familiar, as autoras apresentam diversificadas técnicas que, envolvendo cognição e emoção, promovem o emergir, de forma leve, de intensos diálogos interpessoais. Quão prazeroso é brincar! Brincar em família pode promover uma volta ao passado — tempos de conversa, de sentar em volta da fogueira, de assistir a um filme juntos, desenhar, fazer refeições em torno da mesa... Tudo isso uma sessão terapêutica é capaz de proporcionar. Ah, O BRINCAR! Afinal, como digo sempre, BRINCADEIRA É COISA SÉRIA!

Convido o leitor a aproveitar este livro com olhos, ouvidos, olfato, paladar, movimentos, cognição e coração. Ouse, crie! Experimente utilizar uma técnica proposta para crianças nos seus pacientes adultos, adolescentes e vice-versa. Vasculhe a caixa de ferramentas aqui presente. Faça emergir novas figuras. E lembre-se de que A PSICOLOGIA É UMA DAS MAIS LINDAS PROFISSÕES!

Ser psicoterapeuta é um grande privilégio. Lidamos com angústia, medos, incertezas e, sobretudo, acompanhamos pessoas em seu mais belo processo. Psicologia, sentido de vida!

Que a *awareness* esteja com vocês!

ROSANA ZANELLA

Psicóloga e Gestalt-terapeuta

Apresentação

> **Terapia é ciência e arte. Requer muita intuição, sensibilidade e uma visão geral. Ser artista pressupõe funcionar de maneira holística, e ser um bom terapeuta pressupõe o mesmo.**
>
> (Laura Perls, 1994)

Este livro surgiu dos momentos criativos vividos durante nossos atendimentos clínicos com crianças, adolescentes e adultos. Em certas situações, ao observarmos as brincadeiras, os jogos escolhidos, as palavras e as memórias resgatadas de nossos clientes, uma imagem metafórica representativa do conflito aparecia e, em seguida, éramos inspiradas a criar uma proposta de atividade. Esta levava o paciente a tomar consciência de seus conflitos, comportamentos problemáticos, medos e ansiedades.

A ludicidade é um modo de viver a vida. O brincar é uma forma de expressão do eu, da personalidade, do mundo de fantasia do indivíduo. A criança é o melhor exemplo da vida de fantasia, fruto do seu rico imaginário, que a impele a conhecer o corpo, descobrir os pensamentos, compreender a realidade e as possibilidades de relacionamento. Ao constatar a importância do lúdico na vida, Winnicott (1975, p. 80) desenvolveu uma teoria do brincar: "É no brincar, e somente no brincar, que o indivíduo, criança ou adulto, pode ser criativo e utilizar sua personalidade integral: e é somente sendo criativo que o indivíduo descobre o seu eu".

A criança nos mostra que, ao brincar, ela está em processo de produção — cria, imagina, inventa objetos, personagens, situações e, assim, constrói um mundo fantástico, no qual tudo é possível, tanto o que lhe causa medo e aflição quanto o que lhe traz excitação, alegria e poder. Brincando, aprende a integrar suas experiências internas e externas e a estabelecer um relacionamento afetivo com o produto criado por sua mente.

A fantasia e a imaginação participam do ato criativo, são processos cognitivos inatos da mente humana utilizados na resolução de problemas, na compreensão na compreensão da realidade e na adaptação a ela, na criação de desejos, na formação da subjetividade. É por meio desses processos de abstração que são criadas as brincadeiras e os jogos simbólicos, dando oportunidade à criança e ao terapeuta de escolherem metáforas representativas do conteúdo explicitado. Jean Clark Juliano (1999, p. 62-63), renomada gestaltista, escreveu dois livros utilizando-se de poesia e contos para ilustrar seu estilo de ser terapeuta: "Costumo trabalhar com metáforas, trechos de poesias, contos de fadas, mitos e vários outros recursos [...]. A linguagem simbólica abre caminhos, alimenta a imaginação, reconecta-nos com partes esquecidas de nosso ser".

É importante que o terapeuta busque oferecer experimentos e atividades para que o indivíduo concretize as fantasias inerentes aos seus conflitos e dramas. Nesse sentido,

Antony (2012) afirma que "o trabalho com crianças deve ser conduzido para a vivência de experiências, de modo que elas possam experimentar a concretização do seu mundo subjetivo e dar significado a partir daquilo que vê, sente, pensa e faz". E isso vale não apenas para a criança: também com adultos e adolescentes é preciso criar o cenário das experiências conflitivas. Quanto mais o abstrato é tornado concreto, quanto mais o verbal é objetivado, mais chances há de os dramas psicológicos se tornarem conscientes, compreendidos, ressignificados.

É importante que a criatividade seja exercida tanto pelo psicoterapeuta quanto pelo cliente, seja ele criança, adolescente ou adulto. O terapeuta criativo motiva o envolvimento do cliente, estimula a espontaneidade, torna leve a abordagem dos problemas, facilita o processo de autoconhecimento, autoconsciência e autoexpressão, ancorando-se no uso de dinâmicas excitantes e atividades artísticas. Zinker (2007) se refere ao terapeuta como um artista, enfocando a importância de se ter uma rica história pessoal que conceda oportunidades de desenvolver habilidades, competências e atitudes para, desse modo, celebrar a essência, a beleza, as virtudes e as possibilidades da pessoa. "O terapeuta criativo é experimental. Sua atitude inclui o uso de si, do cliente e dos objetos do ambiente a serviço da invenção de novas visões das pessoas" (p. 62).

A criança é naturalmente criativa, pois é movida pela intuição, pelas sensações, pelos sentidos. Quando ela está em processo produtivo, o terapeuta pode observar sua capacidade cognitiva, a postura corporal, a coordenação visomotora, o ritmo de execução, o engajamento emocional, a forma de se relacionar com os objetos, com o próprio terapeuta e com sua produção — elementos valiosíssimos que revelam o potencial criativo, o funcionamento saudável e a habilidade de estabelecer contato da criança.

Temos visto o potencial criativo da criança cada vez mais tolhido pelo uso diário prolongado de jogos *on-line*, que, seguramente, restringem a imaginação por serem programas com ações previsíveis, cujo conteúdo em geral é violento, com personagens robotizados, despojados de uma estética visual — são feios. Tais jogos tornam-se progressivamente fonte de angústia, insônia, insegurança e temores inconscientes, que se fixam na mente das crianças e dos adolescentes e já sinalizam malefícios corporais, sociais e emocionais — como defeitos posturais, dores corporais, insegurança emocional, sensação de tédio (se não houver um estímulo externo a lhe excitar), dificuldade de estar face a face com o outro para criar um diálogo íntimo. Além disso, o uso constante de jogos virtuais poderá fomentar, no futuro, vícios e compulsões.

Em nossa experiência clínica com crianças, adolescentes, pais e adultos, observamos que atividades lúdicas dirigidas para facilitar a comunicação de sentimentos, de qualidades pessoais não ditas ou não reconhecidas, e para identificar os conflitos subjacentes são revigorantes para todos. Trabalhos voltados para a autoestima, a autoimagem e o autoconceito com o emprego de desenhos, contos, histórias, argila e poesias tornam-se poderosa fonte de transformação e ressignificação das questões conflitivas vividas.

Todos nascem com o espírito criativo, com a capacidade de inventar, transformar, solucionar problemas, buscar estilos de viver aprazíveis e diferentes formas de se sentir feliz e realizado. "O potencial para a criatividade está sempre presente, não diminui com o passar do tempo. A criatividade é importante na vida, porque nos oferece diversas possibilidades de experiência. Sendo criativos, tentamos diferentes maneiras de fazer as coisas" (Goleman, Kaufman e Ray, 1992, p. 28-29) — e de descobrir o caminho de viver em plenitude.

A Gestalt-terapia é uma abordagem criativa que demanda um terapeuta criativo para mobilizar a criatividade natural do cliente (às vezes, muito reprimida), sua expressão espontânea e verdadeira, recorrendo a experimentos, atividades artísticas e lúdicas, a serem implementados no aqui e agora do encontro terapêutico, para acessar aquilo que está fora da consciência.

Este livro pretende ser arteiro, brincadeiro, inventeiro, curandeiro. Aproveite da melhor maneira possível, conforme a sua criança interior criativa lhe incitar, despertar e provocar!

• ›

UM

A CRIATIVIDADE E O BRINCAR

**Descobrir e explorar o universo,
voltar à original espontaneidade e
intensidade, e à eterna capacidade
de invenção e criação.**

(Gelewski, 1985)

Todo ser humano nasce com o dom criativo. Essa capacidade de criar e inventar serve para atender a nossos desejos, fantasias e necessidades, visando unicamente à satisfação e à realização de si próprio e da humanidade.

O criar e o brincar estão intimamente entrelaçados. A criança cria brincadeiras intuitivamente desde tenra idade. Em seu desenvolvimento, faz uso de processos mentais primitivos ligados à intuição e à imaginação que lhe possibilitam criar um mundo mágico cheio de personagens, heróis, animais, imagens, cores, lugares. Vive em um universo onírico único e pessoal que, progressivamente, desperta seu potencial criativo, estimula sua cognição e seu mundo subjetivo. O brincar facilita o amadurecimento, a comunicação, a interação com o outro e o mundo.

A criança brinca por prazer, para descarregar tensões, para dominar a angústia e os medos, para ampliar e elaborar suas experiências, para conhecer seu corpo e seus movimentos. Toda forma de brincar expressa um conflito importante, aspectos da personalidade, o nível da inteligência, as necessidades afetivas (Antony, 2012). Mirella Viviani (2001, p. 40) enfatiza a importância do brincar na vida psíquica da criança: "A brincadeira, tal como os sonhos, serve à função de autorrevelação e de comunicação com o nível profundo do ser". Mais do que o adolescente ou o adulto, a criança tem uma sabedoria própria, a qual se revela na mais simples brincadeira, uma vez que "as mais básicas explorações do mundo da criança são, em si mesmas, exercícios criativos de solução de problemas" (Goleman, Kaufman e Ray, 1992, p. 49).

A brincadeira é universal e própria da saúde. A criatividade não se desenvolve em um ambiente com constante crítica. Aquele que não brinca perdeu parte de sua alegria e seu excitamento pela vida. Se o adulto é demasiadamente racional, logorreico, sério, torna-se essencial o emprego de atividades artísticas e lúdicas para que ele transponha a rigidez mental e emocional. É necessário conduzi-lo a visitar sua infância, ir ao encontro de sua criança esquecida para resgatar a antiga alegria, a criatividade, a espontaneidade. É lá, com sua criança, que o cliente poderá retomar a curiosidade pela novidade, pela excitabilidade, pela flexibilidade, a boa inspiração para transcender a si próprio, ressuscitar talentos e desafiar com prazer a liberdade de ser. "A pessoa que ousa criar, romper limites, não apenas participa de um milagre como também percebe que, em seu processo de ser, ela *é* um milagre" (Zinker, 2007, p. 16).

O brincar criador no aqui e agora é uma forma de comunicação, de criar contato e estabelecer vínculo (Antony, 2012). A criança é um ser para o contato. Em terapia, solicita uma presença atenta e ativa; não se vincula a um terapeuta neutro ou distante afetivamente. A criança gosta de estar perto de quem brinca com ela, daquele que estimula suas fantasias, sua criatividade, seu excitamento. Se o terapeuta não brinca, a terapia não acontece.

•›

DOIS

O TERAPEUTA CRIATIVO

O foco está no desenvolvimento criativo, na arte fazendo ponte para o criativo na vida do indivíduo. Nesse fazer artístico se dá o terapêutico.

(Saviani *apud* Ciornai, 2004)

Para que a criatividade do terapeuta seja despertada, é necessário que ele tenha uma boa dose de vivacidade e sensibilidade para perceber a energia emocional do momento e captar o fenômeno manifestado no aqui e agora e, a partir disso, criar um experimento representativo da cena, da ideia ou da situação inacabada. O terapeuta criativo é como uma artista que se deixa levar pela poesia da vida e pela poesia daquele que está diante de si. A inspiração vem do olhar admirativo dos dons e talentos, das dores e carências, bem como da escuta atenta e cuidadosa das manifestações pessoais de cada um dos clientes.

Segundo Zinker (2007), o terapeuta e o cliente são artistas à procura da melhor forma de expressão do próprio eu. Uma simples pintura sobre o seu dia, como se sente hoje, sobre a sua cor preferida ou uma lembrança significativa da infância já mobiliza conteúdos afetivos importantes e provoca um bom efeito terapêutico. Winnicott (1975, p. 59) reforça essa ideia afirmando que "a terapia é efetuada na interposição de duas áreas lúdicas, a do paciente e a do terapeuta". A criança brinca, cria uma cena e comenta: "Eu queria ser tão forte quanto o Hulk para fazer medo naquele menino que me dá raiva". O terapeuta pode orientar seu cliente a escolher um boneco para representá-lo e outro que represente o menino para reencenar a situação conflitiva e agir como gostaria, dizer o que gostaria de modo firme, até mesmo agressivo, mostrando não temê-lo. Ser um boneco menino e não o Hulk o traz para perto de suas reais possibilidades de enfrentamento. O terapeuta pode utilizar outro boneco para se incluir na cena, como se fosse um colega observador, e proferir frases incentivadoras: “Vai, fala para ele o que você pensa dele; você é forte, é maior que ele, se defenda”.

A psicoterapia é a arte do diálogo, e o terapeuta é responsável pela promoção do fazer criativo que restituirá a expressão original do indivíduo. Às vezes, o terapeuta depara com um cliente contido, inibido, com dificuldade de falar e se expressar, que parece ter perdido a capacidade de ser criativo pelo excesso de repressão e crítica. Diante disso, acreditamos, como Davis (*apud* Virgolim, Fleith e Neves-Pereira, 1999, p. 27), ser importante ensinar a criatividade, o que implica “encorajar algumas características da personalidade, como independência, curiosidade e humor, aplicar técnicas que estimulem o pensamento criador e favorecer o processo de conscientização da criatividade”.

O terapeuta criativo trabalha para quebrar a racionalidade, o uso contínuo da lógica habitual, o comportamento repetitivo e evitativo do contato, que sustentam o ciclo mental de padrões fixados de sentimentos, pensamentos e ações.

O terapeuta não precisa ser artista ou ter formação em artes. Necessita, no entanto, estar aberto ao seu sentir, às suas sensações. Ter sensibilidade para captar os fenômenos emocionais que emergem no momento. Ser criativo para inventar, na imediaticidade da situação, um experimento que facilite a expressão e a conscientização do cliente.

A Gestalt-terapia leva o terapeuta a ser criativo, incentiva-o a se utilizar como pessoa no cenário terapêutico, trazendo seus talentos e dons para criar atividades e promover o contato. O terapeuta é o seu próprio instrumento de trabalho, necessitando ser capaz de administrar seus pensamentos e emoções com autenticidade para se pôr a serviço da ampliação de consciência da pessoa. O terapeuta gestáltico é convidado a levar toda sua experiência de vida e potencial humano para dentro do ambiente terapêutico, com o fim de despertar talentos, motivar o engajamento, dar esperança, resgatar a alegria de viver do cliente, levando-o a se aceitar como é e a entender o que pode vir a ser.

A realidade maior é o terapeuta, e não as técnicas. A sua habilidade de se oferecer como pessoa e profissional dotado de humanidade, originalidade e verdade abrirá caminhos para a cura emocional. A Gestalt-terapia, em uma dimensão mais ampla, abrange "o ritmo entre a razão e a empolgação, entre a humanidade e a técnica, entre horizontes pessoais e a universalidade" (Polster e Polster, 2001, p. 17).

• ›

TRÊS

EXPERIMENTAR A SI MESMO PARA SE CONSCIENTIZAR

Experimentar é presentificar a consciência, criando o significado por meio da experiência vivida.

(Antony, 2012)

A Gestalt-terapia é conhecida como uma abordagem experiencial, experimental e existencial (Feder, 1993). É preciso experienciar a existência e experimentar as diversas possibilidades de experiência para enriquecer a existência. Também é conhecida como a terapia da consciência, do contato e do aqui e agora. Tudo acontece no presente, e, ao se fazer contato com a experiencia imediata, é possível tomar consciência das emoções, dos sentimentos, dos sentidos, das fantasias, dos desejos e dos pensamentos que limitam o viver autêntico. A experiência amplia a consciência, e o experimento cria a experiência por meio de um fazer que integra emoção, pensamento e comportamento.

O experimento deve surgir do aqui e agora da observação fenomenológica sobre o agir do cliente na situação terapêutica. Ao ser sugerido, precisa criar oportunidade para uma experiência emocional que venha a abrir e expandir a consciência de aspectos desconhecidos, temidos e alienados de si, dos conflitos vividos, do seu modo de estar no mundo e de bloquear o contato (Antony, 2012). O experimento precisa conduzir ao cerne do conflito central, às resistências, às condutas problemáticas — porém, "sem ser pesado, sério, podendo ser teatral, hilário, louco, transcendente, metafísico, engraçado" (Zinker, 2007, p. 30).

O experimento tem um enorme valor terapêutico, sendo um recurso imprescindível na clínica para facilitar o aprofundamento da consciência sobre os dramas psicológicos vividos, as áreas obscuras, as qualidades não reconhecidas. O experimento nos ensina que permanecer unicamente no verbal limita o acesso aos conflitos inconscientes, à expressão emocional verdadeira, ao potencial produtivo e criativo infindável do ser humano.

Por meio do experimento, quer seja recorrendo às atividades artísticas (pintura, desenho, música, poesia, argila) ou a outra ferramenta de cunho expressivo, é possível ultrapassar a censura, o pensamento crítico que incide sobre a escolha das palavras, a expressão emocional e a repressão de atos. Nas palavras de Ciornai (2004, p. 78), "a atividade artística solicita o sensível, o intuitivo e até o lúdico, sendo facilitadora do contato com vivências pré-verbais, não reflexivas, conectando com o mais profundo que há em nosso íntimo". Sabendo disso, o terapeuta criativo pode inventar atividades, dinâmicas e experimentos para iluminar aquilo que está na sombra, o que está fora do campo de consciência do cliente, visando integrar o material projetado, aquilo que não é aceito em sua personalidade.

A arte, portanto, é um instrumento valioso para se alcançar a dimensão simbólica do psiquismo. O fazer artístico é uma atividade lúdica que acessa emoções inconscientes e experiências traumáticas. O trabalho com metáforas é um recurso maravilhoso para se criar uma representação mental e emocional de uma situação conflituosa, de uma relação afetiva dolorosa, de uma pessoa ameaçadora, do drama vivido no sistema familiar, o que facilita a compreensão daquilo que não está consciente. Uma simples atividade em que o terapeuta diga "imagine que você é o sol" pode trazer descobertas pessoais novas e inesperadas.

O maior propósito do experimento é possibilitar a integração das experiências internas com as externas, unir o dentro e o fora, os sentimentos e os pensamentos que surgem das vivências boas e ruins experimentadas ao longo da vida. A intenção é fazer que a criança, o adolescente ou o adulto intensifique o contato e amplie a consciência, tanto de seus conflitos, dificuldades e limitações quanto de seu potencial, de suas qualidades e virtudes. Descobrir-se, aceitar-se, compreender os próprios comportamentos é parte inerente do processo terapêutico, cujo objetivo primordial é desenvolver o autoconhecimento e a autoconsciência, tão importantes para se viver feliz consigo, com o outro e no mundo.

Para acessar experiências emocionais profundas, traumas reprimidos ou camadas do eu desconhecidas e negadas, o uso de material artístico é fundamental para facilitar a expressão da interioridade, de sentimentos íntimos, de imagens e experiências inconscientes. Nesse sentido, Ciornai (2004, p. 66) fortalece a importância da utilização de recursos artísticos, afirmando que “os processos de criação artística, por sua qualidade inovadora e transformadora, têm um potencial terapêutico e curativo intrínseco”.

Certa vez, em sessão com uma mulher, foi dada a ela uma peça de argila para ser manuseada, de olhos fechados, até que sentisse vontade de parar. Durante o manuseio, ela fazia movimentos de vaivém com o dedo indicador. Ao descrever a experiência, mencionou a imagem que surgiu, dela bebê, e a sensação de ter sido tocada nos genitais. Imediatamente associou tudo isso à sua resistência ao ato sexual e sua insegurança em entregar o corpo ao outro. Ciornai (2004, p. 120) explica que os recursos em terapia facilitam:

- o desenvolvimento de recursos pessoais (sensoriais, perceptivos, cognitivos, simbólicos e o vínculo);

[...]

- a expressão do não verbalizável, do indizível;

[...]

- o uso de linguagens analógicas e metafóricas;
- a presentificação (mobilização da emoção);
- a energização (mobilização em ação — o fazer);
- a consciência organísmica (*awareness*) — "o sentido que vem pelos sentidos";
- a expansão de consciência (*awareness*) mediante *insights* e também *outsights* (a possibilidade de olhar "de fora", com distância reflexiva);
- o contato mais aprofundado: consigo, com o outro, com o meio;
- novas percepções, desconstruções e reconfigurações (adicionar e retirar elementos, modificar a composição, alterando o fundo, as relações entre as partes, transpor para outra linguagem expressiva);

[...]

Criar, expressar, transformar — esse é o processo psíquico a ser provocado em cada sessão terapêutica para que nosso cliente possa reconstruir o eu, ressignificar seu drama psicológico, seus pensamentos errôneos e limitados sobre si, fechando *Gestalten* significativas para que uma nova estrada se desenhe. O eu é outro quando dá vazão ao seu poder criador e criativo. O eu saudável é espontâneo e leal aos seus impulsos naturais. Um eu reprimido é aprisionado às exigências alheias, às expectativas dos outros, o que leva à perda de características originais e da liberdade de se manifestar autenticamente, ao distanciamento do eu verdadeiro, devido às camadas falsas construídas na personalidade.

• ›

QUATRO

EXPERIMENTOS, ATIVIDADES E DINÂMICAS

Gestar-se — uma gestação pessoal, que pode se resumir na seguinte expressão: largar o ego para nascer o ser.

(Murgo, 2013)

A criança que chega à psicoterapia traz consigo três dificuldades centrais: 1) contato pobre consigo, com o outro e com as coisas ao seu redor, no sentido de ter um olhar parcial sobre si, seus comportamentos, suas emoções e o outro; 2) desconexão com seu corpo — certas partes dele desenvolvem sintomas somáticos, guardam dores ocultas e traumas; 3) o senso de eu diminuído que a faz se sentir mal consigo mesma. Isso leva à baixa autoestima, devido aos pensamentos depreciativos, conceitos distorcidos e às crenças tóxicas que a atormentam. É por meio da experiência que a criança toma consciência de si (como totalidade em ação), de seus conflitos, medos, ansiedades, defesas e potencialidades inatas. Jean Clark Juliano (1999, p. 50) enfatiza a importância de se empregar recursos artísticos para diminuir a censura psíquica e, assim, retirar o véu de experiências traumáticas, doloridas e temidas:

> Os sonhos, as imagens e as fantasias são canais desenvolvidos pelo psiquismo para favorecer o diálogo entre partes conhecidas e desconhecidas de nós mesmos, fazendo com que estas se comuniquem e trabalhem juntas. Muitas vezes esse diálogo borbulha nas superfícies dos sonhos ou na nossa imaginação, ou, ainda, no fluir da nossa fantasia.

Portanto, experimentar e experienciar para tomar consciência e, assim, ressignificar, constituem a chave da transformação curadora. Contato e *awareness* são os pilares que fundamentam todos os experimentos e as atividades apresentados neste livro.

ENTÃO, VAMOS BRINCAR COM CONSCIÊNCIA!

CINCO

A CRIANÇA — ATIVIDADES ESPECÍFICAS

Atividade: O monstrinho e eu.

Objetivo: identificar os medos e as fantasias.

Orientação: leia, desenhe e complete a história a seguir.

Em um dia ensolarado, uma criança resolveu ir até o parque perto da sua casa para jogar bola. Ela encontrou um paredão e começou a jogar a bola com muita força, de modo que a bola quicava e voltava bem rápido. Até que ela escutou um barulho relativamente alto, parecia um espirro. Olhou para um lado, para o outro e viu que estava sozinha ali. Continuou chutando sua bola com força no paredão. De repente, ouviu um barulho atrás da moita. A criança arregalou os olhos e, com cara de espanto e curiosidade, perguntou:

— Tem alguém aí?

Mais que depressa, uma voz lhe respondeu:

— Oi, eu sou um monstrinho!

A partir de agora, você é o(a) autor(a) da história:

- Quem é você? O que você está fazendo aqui?
- Qual é o seu nome?
- O que você quer de mim?
- Esse monstrinho o(a) assusta? O que ele faz?

Conte, desenhando ou escrevendo, como foi o encontro da criança com o monstrinho. Sobre o que conversaram? O que aprendeu sobre seu medo?

Atividade: Trilha do medo.

Material: cartolina, material de colagem, papel A4.

Objetivo: levar a criança a reconhecer a transmutação dos medos ao longo do tempo e as situações atuais que geram medos e preocupações.

Orientação: complete as frases seguintes e/ou escolha imagens para colar em uma cartolina ou folha de papel A4:

- Meu primeiro medo foi: ______________________________
  ____
- O medo passou quando: ______________________________
  ____
- Outro medo que senti, mas passou, foi: ______________________________
  ____
- Hoje, sinto muito medo de: ______________________________
  ____
- O que faço quando sinto medo é: ______________________________
  ____
- Levo um susto quando: ______________________________
  ____
- Sinto-me preocupado(a) com: ______________________________
  ____
- Sinto-me inseguro(a) quando: ______________________________
  ____
- O que mais me preocupa no futuro é: ______________________________
  ____
  ____
  ____
  ____

Observação: o terapeuta deve explicar à criança que existem medos para nos proteger de perigos e que podem ser benéficos em determinadas situações, assim como há medos fantasiosos, preocupações exageradas, fora da realidade, que geram ansiedade. O importante é reconhecer o medo e querer enfrentá-lo.

• ›

Atividade: Diálogo com o medo.

Material: papel A4, lápis de cor, giz de cera.

Objetivo: mudar o entendimento sobre o medo e dar a ele um novo sentido.

Orientação: desenhe um personagem ou uma figura fóbica que lhe cause medo e dê um nome a essa figura.

PERSONAGEM OU FIGURA FÓBICA

- Imagine que você é essa figura e responda às perguntas como se fosse ela: o que você faz para essa criança ter medo de você? Qual é a mensagem que você quer transmitir para a criança? Você é do bem ou do mal? Se for do mal, o que quer fazer de mau com a criança? Você gostaria que ela se comportasse de forma diferente? Como?
- Agora responda como você mesmo: como se sentiu sendo uma figura que tem poder para causar medo em crianças? O que você aprendeu sobre o seu medo? Para que serve o seu medo? O que ele o(a) impede de ser, de dizer ou de fazer? Tem alguém a quem gostaria de fazer medo?
- Desenhe você grande, maior que a figura fóbica que desenhou antes. Afirme: “Eu sou mais e maior do que o medo. Eu sou mais eu!”

DESENHE O SEU MEDO	DESENHE VOCÊ

Atividade: Diálogo entre o forte e o fraco.

Objetivo: conscientizar a criança sobre os lados forte e fraco que existem dentro dela.

Orientação: escolha um fantoche/dedoche animal que lhe pareça forte e temido. Depois, outro fantoche/dedoche animal que seja fraco e medroso.

1. A criança escolhe um animal para representar e o terapeuta atuará como o outro. O diálogo pode começar com as seguintes frases: "Tenha pena de mim, eu sou fraco!"; "Tenha medo de mim, eu sou forte!"
2. O terapeuta faz perguntas sobre as características e a vida do animal, onde mora, se tem amigos, se tem família e outras que surgirem durante a vivência. Direciona o diálogo para os conteúdos voltados para medo, fraqueza e força. Ao final, pergunta se o que foi dito tem relação com o jeito de ser e a vida da criança.
3. O terapeuta pode propor à criança representar o outro animal para experimentar as duas polaridades.[2]

2. Polaridades são comportamentos ou partes da personalidade opostas entre si. Algumas partes são projetadas, não aceitas, não conscientes.

Atividade: Já fui semente, hoje sou árvore.

Objetivo: demonstrar o processo de evolução e de conquistas da criança, a fim de trabalhar a independência e a autoestima.

Orientação: explicar à criança que uma árvore grande passou por vários estágios antes de ter esse tamanho. Ela já foi uma semente plantada e regada, cresceu um pouquinho, ganhou o tamanho de uma muda e, com o passar dos anos, chegou ao tamanho que tem, assim como acontecerá com ela, que hoje é uma criança e já foi um bebezinho.

1. Compare as coisas que você sabia fazer antes (há 1 ou 2 anos) e o que consegue realizar atualmente.

Atividade: Sou dono(a) do meu corpo (para enurese noturna).

Objetivos: aumentar o controle corporal, a consciência das sensações, a responsabilidade pelo próprio corpo, fortalecer o eu e a autonomia.

Orientação: propor a execução das atividades corporais e dos experimentos verbais a seguir.

1. Propor atividades com o corpo (respiração, relaxamento e movimentos físicos) para aumentar a consciência da força e do controle corporal:

   a) fazer rolamentos, cambalhotas, pular em um pé só (alternar o pé);

   b) prender a respiração por 20 segundos e ir aumentando até o limite de tolerância;

   c) respirar deitado(a) ou sentado(a) com a mão direita na barriga para sentir os movimentos de inspiração e expiração nessa área corporal;

   d) soprar balões para trabalhar a força da respiração e os movimentos na área abdominal.

2. Sugerir atividades para conscientizar a criança de suas inseguranças diante do outro:

   a) visualize situações em que gostaria de ter dito "não" para o outro, de ter falado o que queria mas não o fez;

   b) represente a cena com bonecos e diálogos.

3. Criar experimentos de enfrentamento, de oposição ao ambiente e de expressão das necessidades, vontades e opiniões:
   a) pense em uma pessoa que gostaria de enfrentar para expor seus pensamentos e suas vontades;
   b) escolha um objeto, animal ou boneco representativo da pessoa, e outro que represente você. Diga o que gostaria de falar, com firmeza e segurança.

4. Usar a imaginação: imagine que você esteja indo se deitar, preparando-se para dormir, como de costume. Você põe o pijama, bebe água, faz as coisas sozinho(a) e se deita. Você se vê tranquilo(a), seguro(a), dormindo a noite inteira. Acorda de manhã se sentindo bem, você não molhou a cama. E diz a si mesmo(a): "Eu sou dono(a) do meu corpo!"

Observação: orientar a criança a fazer essa visualização toda noite, antes de dormir.

• ›

Atividade: Sem saída, mas tem saída!

Objetivos: pensar em possibilidades de resolução de problemas, nos sentimentos correlacionados com a situação, separar o que é seu e o que é do outro.

Orientação: você será o(a) investigador(a) para descobrir se esse problema tem saída. Use os recursos gráficos a seguir para obter mais visualização e conscientização.

Escreva o problema ou a situação no retângulo (situação de *bullying*, dia de prova, conflitos interpessoais):

Explique o que está acontecendo e qual é a sua dificuldade.

Esse problema é seu ou é de outra pessoa?

Você precisa da ajuda de alguém para resolvê-lo?

Você já fez algo para tentar solucioná-lo?

Quando você pensa nesse problema, o que vem à sua mente?

O seu corpo emite algum sinal de alerta? O que você sente? Em qual parte do corpo você percebe essa sensação ou emoção?

Pensando em soluções

1. Pense em duas alternativas para resolver essa situação.
2. Reflita sobre os prós e contras (vantagens e desvantagens) de cada resposta que você escolheu para a resolução do conflito.
3. Coloque-se em cada uma das situações, perceba o que sente, o que pensa, se há desconforto em alguma parte do seu corpo. Aquela situação visualizada que não lhe provocou nenhum mal-estar ou desconforto é a melhor resposta.
4. Visualize essa situação, coloque essa solução em prática e sinta-se bem.

ALTERNATIVA 1	ALTERNATIVA 2
PRÓS (PONTOS FAVORÁVEIS E MELHOR CENÁRIO)	PRÓS (PONTOS FAVORÁVEIS E MELHOR CENÁRIO)
CONTRAS (PONTOS DESFAVORÁVEIS E CONSEQUÊNCIAS NEGATIVAS)	CONTRAS (PONTOS DESFAVORÁVEIS E CONSEQUÊNCIAS NEGATIVAS)

Atividade: Como me sinto.

Objetivo: mapear os sentimentos básicos.

Orientação: peça à criança/ao adolescente que escreva ou desenhe em que situação se sente ou se sentiu alegre, triste, com raiva ou medo; oriente-o a descrever o lugar ou a situação para cada emoção. Depois, explore as respostas. Pergunte se o cliente pensa em alguma outra emoção ou sentimento (por exemplo, vergonha, ciúme, inveja) sobre o qual gostaria de falar.

Escreva ou desenhe o que acontece na escola que faz você sentir:

ALEGRIA	RAIVA
TRISTEZA	MEDO

Escreva ou desenhe o que acontece na sua família que faz você sentir:

ALEGRIA	RAIVA
TRISTEZA	MEDO

Atividade: Meus amigos merecem uma medalha, e eu também.

Objetivo: reconhecer as qualidades diferentes entre a criança, o(a) melhor amigo(a) e os(as) outros(as) amigos(as).

Orientação: peça à criança ou ao adolescente que escreva o nome de três grandes amigos(as), colocando na medalha de ouro aquele(a) de quem é mais próximo, em quem confia mais ou que gostaria que sempre estivesse com ele(a). Na medalha de prata, coloque o(a) amigo pelo(a) qual você sente muita consideração, mas não é tão próximo(a) quanto o(a) amigo(a) da medalha de ouro e, por fim, na medalha de bronze, o(a) amigo(a) de quem você gosta, porém, com quem não convive tanto, mas que gostaria de tê-lo(a) mais próximo(a).

NOMES:	1	2	3
O que eu mais gosto nele(a):			
O que eu não gosto nele(a):			
O que ele(a) tem de parecido comigo?			
O que eu tenho de diferente dele(a)?			
O que ele(a) tem de diferente de mim?			
Conte sobre os momentos especiais que vocês viveram juntos(as).			
Agora é você quem merece ganhar a medalha de ouro. Escreva três motivos para que você a receba.			

Atividade: Trabalhando com animais.

Material: massinha de modelar de diferentes cores, animais de brinquedo ou fantoches de animais (domésticos e selvagens).

Objetivo: tomar conhecimento das características pessoais não conscientes.

Orientação: peça ao cliente que faça um animal com a massinha de modelar ou escolha um animal de brinquedo ou um fantoche. Modele outro animal ou escolha um que seja a polaridade daquele que a criança fez ou escolheu. Em seguida, o terapeuta solicita que ela imagine ser esse animal e se estabelece um diálogo.

Perguntas norteadoras

- Onde você vive?
- Quantos anos você tem?
- O que gosta de fazer nesse lugar?
- Você tem amigos? Eles brincam com você?
- O que você mais gosta de comer? E o que não come de jeito nenhum?
- Você briga com algum animal? Com qual? Ele é seu inimigo?
- Existe algum animal do qual você sente medo?
- Você é manso(a) ou bravo(a)?
- Você é forte ou fraco(a)?
- Como você se sente nesse lugar?

Em seguida, o terapeuta pede à criança que escolha outro oposto para representar.

- O que você admira nele?
- Como a vida dele é diferente da sua?
- O que você faz junto com esse animal?

- O que você não faz junto com esse animal?
- Pergunte algo importante a esse animal.
- O que você pode ensinar a ele?
- O que você pode aprender com ele?
- Diga uma qualidade que ele tem.
- Cite uma característica ruim dele.

O terapeuta procura, por fim, integrar as polaridades, para levar a criança a se apropriar das projeções com base no que foi dito.

- O que esses animais têm de parecido com você?
- Tem algo nesses animais que você admira?
- Algo nessa conversa lembra a sua vida?

• ›

Atividade: Diálogo do bem e do mal.

Objetivo: integrar as partes polares do bem e do mal que existem na personalidade do cliente.

Orientação: a criança deve seguir as instruções a seguir.

1. Escreva os pensamentos ruins e desanimadores que tem sobre si, seus comportamentos e sua vida.
2. Escreva os bons pensamentos e as qualidades que percebe em você.
3. Estabeleça um diálogo entre o diabinho e o anjinho.
4. Invente uma resolução considerando o que ouviu entre os dois e estabeleça um pacto de paz entre eles, aproveitando o lado bom que cada um lhe oferece.

Atividade: Conversando com a pedra preciosa.

Material: pedras de cores e tamanhos diversos.

Objetivos: promover o contato com sentimentos e pensamentos bons e realizar a autonutrição.

Orientação: adotar os seguintes passos:

1. A criança escolhe uma pedra que lhe encante. Em seguida, o terapeuta orienta que a coloque na mesa de cabeceira (ou em uma caixa) do seu quarto, para que toda noite, ao se deitar, converse com ela sobre o seu dia na escola, em casa ou em outro lugar. Pode iniciar dizendo assim: Minha pedra preciosa!
   - Hoje (na escola, em casa, ou em outro lugar) fiz algo muito legal:
   - Hoje, me senti bem com:
   - Hoje, não me comportei quando:
   - Hoje, eu me senti mal com:
   - Hoje, eu colaborei com/ajudei:
   - Hoje, eu me cuidei:

2. A criança finaliza a atividade dizendo: "Obrigada(o) por ser minha(meu) amiga(o), por me escutar, por me entender!"

3. O terapeuta ainda pode dar à criança uma pedra referente ao seu signo, oferecendo uma lista das características deste. Em seguida, conversa sobre essas características e a orienta a seguir o mesmo procedimento do item anterior.[3]

3. A autonutrição é um processo em que a criança se torna o próprio autossuporte, aprende a se confortar, a se consolar, a se compreender, a se perdoar, a se valorizar, a cuidar de si, a ser amiga de si própria.

Atividade: Segredinho, segredo e segredão (parte 1).

Material: papel A4, lápis de cor, giz de cera, argila, massinha de modelar.

Objetivo: trabalhar os segredos, sua relevância e o impacto na vida da criança.

Orientação: peça à criança que desenhe em uma folha de papel o seu maior segredo. Caso não deseje, não precisa mostrar o desenho. Depois, ela deve fazer três bolas de tamanho e cor diferentes, utilizando massinha de modelar, argila ou papel A4. A bola menor representará o segredinho; a bola média, o segredo; a bola grande, o segredão.

SEGREDINHO
É um segredo de pouca importância ou de natureza mais trivial. Geralmente, se fosse revelado, não teria grande impacto.

SEGREDO
É um segredo de importância moderada, que pode envolver informações mais sensíveis ou pessoais, mas que ainda podem ser compartilhadas com determinadas pessoas.

SEGREDÃO
É um segredo de grande relevância e impacto emocional, muitas vezes envolvendo questões delicadas e sigilosas. Se for compartilhado, pode gerar problemas.

Perguntas norteadoras

- Escolha qual bola representa o tamanho do segredo. Se é um segredinho, um segredo ou um segredão.
- Esse segredo é seu ou de outra pessoa?
- Esse segredo é um problema para você ou para outra pessoa? Deseja contar de quem é?
- Se alguém ficar sabendo dele, o que pode acontecer? A pessoa será prejudicada? Haverá alguma consequência para você se for de outra pessoa?
- Esse segredo está relacionado a alguma situação específica ou acontecimento em sua vida?
- Há quanto tempo você tem mantido esse segredo?
- Como se sente em relação ao segredo que está guardando?
- Você sente que esse segredo está afetando sua vida de alguma forma?

• ›

Atividade: Segredinho, segredo e segredão (parte 2).

Objetivo: trabalhar os segredos, sua relevância e o impacto na vida da criança.

Orientação: observe as três bolas que representam o segredo, pondere se o segredo está tendo pouco ou muito impacto para a criança e lhe pergunte o que pode fazer para que esse segredo não tenha tanto peso. Caso a criança sugira alguma solução, demonstre visualmente como essa alternativa pode ajudar a reduzir o tamanho do segredo e, consequentemente, afetá-la menos.

Pergunta norteadora

- O que deseja fazer com essas três bolas utilizadas para representar o tamanho do segredo?
  - A criança pode pegar apenas uma ou todas as bolas que representam o segredo e construir outro objeto; assim, transformará metaforicamente o segredo em algo diferente;
  - Também pode ser feito algo que guarde o segredo, caso ele precise continuar secreto (por exemplo, uma chave, um baú, um cofre, uma boca fechada).

• ›

SEIS

O ADOLESCENTE — ATIVIDADES ESPECÍFICAS

Atividade: Sou importante.

Objetivo: trabalhar autoestima e autonutrição.

Orientação: complete as seguintes frases:

Agora, repita estas frases: “Eu sou capaz!”, “Eu consigo!”, “Eu mereço ser feliz!”, “Eu tenho muitas qualidades que fazem os outros gostarem de mim!”

Atividade: A força das minhas raízes (parte 1).

Objetivo: tomar posse da história familiar, dos valores, das crenças, dos heróis, dos vilões e das memórias.

Orientação: escreva nos galhos da árvore a seguir suas principais habilidades, qualidades, atitudes e seus valores pessoais. Escreva nas raízes os nomes das pessoas que têm valor, as coisas que o(a) motivam, as pessoas com problemas diferentes.

Atividade: A força das minhas raízes (parte 2).

Objetivo: reconhecer as próprias qualidades e usá-las para dialogar com o outro.

Orientação: siga as instruções a seguir.

1. Escolha uma qualidade sua e estabeleça um diálogo com a pessoa com quem você tem dificuldade de se relacionar.
2. Escolha outra qualidade e diga como poderiam conviver melhor.
3. Escolha duas qualidades e preencha esta frase:

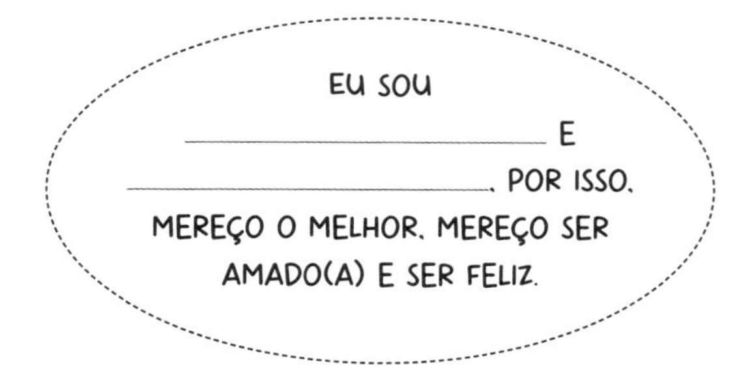

EU SOU
______ E
______, POR ISSO,
MEREÇO O MELHOR, MEREÇO SER
AMADO(A) E SER FELIZ.

• ›

Atividade: Meu eu superpoderoso.

Objetivo: refletir sobre forças e fraquezas.

Orientação: descreva situações (colégio, faculdade, trabalho, casa, família) em que se sentiu com poder/força e se sentiu frágil. Pode colar gravuras, desenhar as situações etc. O importante é completar as sentenças.

- Sinto-me forte quando:
- O meu ponto forte é:
- Gosto que pensem que sou:
- Sinto-me corajoso(a) quando:
- Sou bem-sucedido(a) quando:
- Sinto-me vitorioso(a):
- Sinto-me frágil quando:
- O meu ponto fraco é:
- Gostaria de melhorar em mim o seguinte ponto:
- Sinto-me fracassado(a) quando:
- Tenho medo de errar quando:

Atividade: Eu sou um pouco disso tudo.

Material: papel A4 ou cartolina, lápis de cor, giz de cera, canetinhas coloridas, adesivos, carimbos com expressões faciais.

Objetivo: trabalhar o autoconhecimento e a autoestima.

Orientação: Siga as instruções:

1. Represente/desenhe na folha branca tudo aquilo que o(a) deixa bem e feliz. Escreva seus *hobbies*, suas qualidades, suas habilidades, os papéis que desempenha na vida (por exemplo, estudante, filho(a), irmão(ã), amigo(a), atleta).
2. Escreva seu nome no centro da folha e circule-o. Escreva, na parte de cima, puxando setas, suas qualidades e, na parte de baixo, o que não gosta em você, puxando setas e circulando as palavras.
3. O terapeuta explora as experiências vividas e as situações ligadas às qualidades e aos defeitos.

• ›

Atividade: Sou meu anjo da guarda.

Objetivo: construir o autossuporte e desenvolver a autonutrição.

Orientação: listar as coisas que faz e não gostaria de fazer por trazerem consequências desagradáveis (exemplo: "Sinto-me mal/culpado(a)/chateado(a) quando não ajudo minha mãe em algo"); e coisas que não faz, mas gostaria de fazer, porque tem relação com a sua personalidade.

COISAS QUE FAÇO, MAS NÃO GOSTARIA DE FAZER	COISAS QUE NÃO FAÇO, MAS GOSTARIA DE FAZER
______________________	______________________
______________________	______________________
______________________	______________________
______________________	______________________
______________________	______________________
______________________	______________________

1. Crie frases que sirvam para se confortar, se compreender, se dar força, ser seu próprio suporte, como se fosse seu(sua) melhor amigo(a).

____

____

____

____

____

____

____

2. Escreva uma carta de comprometimento com o seu eu (por exemplo: "Eu me comprometo a compreendê-lo(a) quando ficar triste", "Eu me comprometo a fazer o melhor por você todos os dias").

Eu me comprometo a ____________________________

____

____

• ›

Atividade: Sou quem sou.

Objetivo: compreender o eu real e o eu idealizado.

Orientação: complete o quadro a seguir, à esquerda, com as suas características pessoais de aparência, como cor de pele, de cabelo, estilo de roupas que utiliza no dia a dia. No quadro à direita, escreva o que imagina que os outros exigem de você.

EU SOU ASSIM (CARACTERÍSTICAS REAIS)	SOU O QUE QUEREM QUE EU SEJA (CARACTERÍSTICAS EXIGIDAS)
______________________	______________________
______________________	______________________
______________________	______________________
______________________	______________________
______________________	______________________
______________________	______________________

1. Agora, reflita sobre estas questões:

- Observe se há diferença entre como você se vê e como o outro o(a) percebe. Você acha que se percebe da mesma forma que os outros o(a) veem?
- Em relação a como as pessoas o(a) veem, você acredita que corresponde ao que realmente é?
- Considerando que não se veja da forma como as pessoas o(a) veem, você gosta de como percebe a si mesmo ou gostaria de mudar algo?

- Você pensa que as pessoas têm expectativas sobre quem você é? Quais?

2. Imagine que essas duas pessoas (o seu eu real e o seu eu idealizado) se encontram. Inicie um diálogo com um dizendo ao outro o que espera, deseja e exige de cada um (alternando de lugar). Depois, comente o que cada um quis demonstrar ao outro, o que cada um precisa do outro e o que cada um pode ensinar ao outro.

- Eu real: ______________________________
- Eu idealizado: ______________________________
- Ensinamento: ______________________________

3. Agora imagine um dizendo ao outro: "Eu o(a) aceito assim como você é!", "Você fez o que pôde, era só uma criança!", "Você é incrível, com defeitos e qualidades!", "Siga seus desejos, expectativas e anseios próprios!"

• ›

Atividade: Fazendo cesta e jogando o lixo fora.

Objetivo: trabalhar as crenças tóxicas.

Orientação: preencha a cesta de basquete com as qualidades e habilidades que o(a) fazem ser uma pessoa única e especial. Jogue no lixo todas as críticas, depreciações e reprovações que lhe endereçaram e das quais você deseja se livrar.

1.

2. Leia em voz alta as frases: “Eu jogo fora tudo que me fez e me faz mal!”, “Eu jogo fora os pensamentos que ferem minha autoestima!”, “Eu jogo fora todas as palavras negativas que me depreciam!”, “Eu jogo fora tudo que querem que eu seja, mas não aceito ser”.

3. Escreva frases com três palavras positivas e as repita em voz alta:

- Eu sou: ______________________________
- Eu sou: ______________________________
- Eu sou: ______________________________

• ›

Atividade: Aprendendo a lidar com a raiva.

Objetivo: reconhecer a raiva, em que lugar a sente no corpo, expressá-la com consciência.

Orientação: lembre-se de uma situação em que sentiu raiva. Desenhe-a.

1. Como você sabe que está com raiva?

2. Como a raiva se manifesta em seu corpo? Em qual parte do corpo?

3. Como você demonstra a raiva? Onde (casa, trabalho, escola)?

4. Que tipo de pessoa provoca raiva em você?

5. Pense de que maneiras você poderia expressar a raiva sem que houvesse consequências negativas para você:

---

6. Escreva a situação (ou o nome da pessoa) que lhe provoca raiva em um pedaço de papel. Depois, pise no papel e diga uma palavra que expresse sua raiva para com essa pessoa. Você também pode amassar o papel, formar bolinhas e arremessar na parede — ou, ainda, picar todo o papel.

---

7. Imagine a pessoa na sua frente e verbalize o que gostaria de ter dito naquele momento, naquela situação, para ela.

• ›

Atividade: Assumindo as rédeas da vida.

Objetivo: tomar consciência do poder e do controle das situações.

Orientação: escreva as situações de conflito não resolvidas para identificar o que depende de você para resolver e o que não depende.

SEGURANDO AS RÉDEAS	SOLTANDO AS RÉDEAS
O QUE DEPENDE DE MIM	O QUE NÃO DEPENDE DE MIM
O QUE EU POSSO CONTROLAR	O QUE EU NÃO POSSO CONTROLAR

Elabore frases que demonstrem seu potencial e sua força interior:

- Eu posso: ______________________________
  ____
- Eu consigo: ______________________________
  ____
- Eu sou capaz de: ______________________________
  ____

Atividade: Balança da razão e da emoção.

Objetivo: ponderar sobre a balança dos prós e contras.

Orientação: escolha alguma situação sobre a qual esteja com dificuldade para decidir, uma dúvida, uma preocupação. Em seguida, desenhe uma linha, com um círculo no centro, e seu nome. Em cada extremo da linha, escreva as duas alternativas ou possibilidades de resposta para o conflito.

Situação: ______________________________

RAZÕES (PONTOS A FAVOR)	EMOÇÕES (PONTOS A FAVOR)
RAZÕES (CONTRAS OU DESVANTAGENS)	EMOÇÕES (CONTRAS OU DESVANTAGENS)

Escreva no centro o seu nome e, nos extremos, as possibilidades alternativas de resolução do conflito ou os sentimentos polares emergentes na situação descrita. Veja o exemplo:

Perguntas norteadoras

- O que a pessoa faz que o(a) leva a sentir raiva?
- O que vê no outro que o(a) faz sentir compaixão?
- Que pensamentos precisa ter para alcançar a paz emocional?
- Como se sente ao nutrir raiva?
- Como fica ao sentir compaixão?

• ›

Atividade: Medo e coragem.

Objetivos: acolher o medo e refletir sobre as possibilidades de enfrentá-lo.

Orientação: liste seus medos e atos de coragem. Depois, escreva uma história relacionada aos seus medos.

LISTA DOS MEDOS	LISTA DOS ATOS DE CORAGEM

Perguntas norteadoras

- O que cada medo o impede de fazer?
- O que o medo faz com seu corpo?
- Como cada medo interfere em seus pensamentos?
- Como seus pensamentos criam seus medos?
- Como você seria sem seus medos?

Agora, escreva uma história, com pelo menos dez linhas, sobre você e seus medos, como se fosse um conto, com personagens e terminando com uma solução feliz.

Atividade: Tomando consciência da vergonha e de suas consequências.

Objetivo: identificar e compreender as situações que causam a inibição do comportamento, os pensamentos que limitam a expressão espontânea e as reações corporais associadas, a fim de despertar a autoaceitação e desbloquear a repressão.

Orientação: preencha o questionário a seguir.

1. Cite algumas coisas que você não faz porque sente vergonha:

____

____

____

2. Escreva coisas que você pensa de si, incluindo as críticas e reprovações, quando imagina que agiu inadequadamente:

____

____

____

3. Que reações você sente no seu corpo quando está envergonhado(a)?

____

____

____

4. Descreva algumas condutas ou gestos que você percebe em si ao se sentir envergonhado(a) (por exemplo: evitar contato visual; não saber o que fazer com as mãos; chorar).

---

5. Exemplifique situações que você poderia se desafiar a fazer, mesmo sentindo vergonha:

---

6. Pense em alguém que disse ou fez alguma coisa que fez você sentir vergonha. Em seguida, imagine essa pessoa à sua frente, diga do que não gostou e o que você sentiu (exemplo: constrangimento, raiva). Depois, faça uma repreensão ou reclamação, seja crítico, uma espécie de juiz.

• ›

SETE

O ADULTO — ATIVIDADES ESPECÍFICAS

Atividade: Meu corpo real e imaginário (parte 1).

Objetivo: trabalhar a consciência corporal e o senso de eu.

Orientação: complete o desenho com suas características físicas (cabelo, olhos, nariz, boca), utilizando somente o lápis de escrever. Em seguida, mapeie o seu corpo com cores, atribua uma cor a cada característica e crie uma legenda explicativa.

- De quais partes você gosta mais?
- De quais não gosta?
- Em quais sente raiva?
- Em quais sente tristeza?
- Em quais sente dor, desprazer, tensão?
- Em quais sente prazer?
- Em quais sente medo?
- Em quais demonstra sua alegria?
- Qual parte do corpo você percebe como mais forte? E como menos forte?
- Existe algo no seu corpo que você gostaria de mudar? O quê?
- Quais partes do seu corpo se parecem com o corpo do seu pai? Você as aceita ou as rejeita? Observe se os sentimentos associados a essas partes estão ligados aos seus sentimentos em relação ao seu pai.
- Quais partes do seu corpo se parecem com o corpo da sua mãe? Você as aceita ou as rejeita? Observe se os sentimentos associados a essas partes estão ligados aos seus sentimentos em relação à sua mãe.

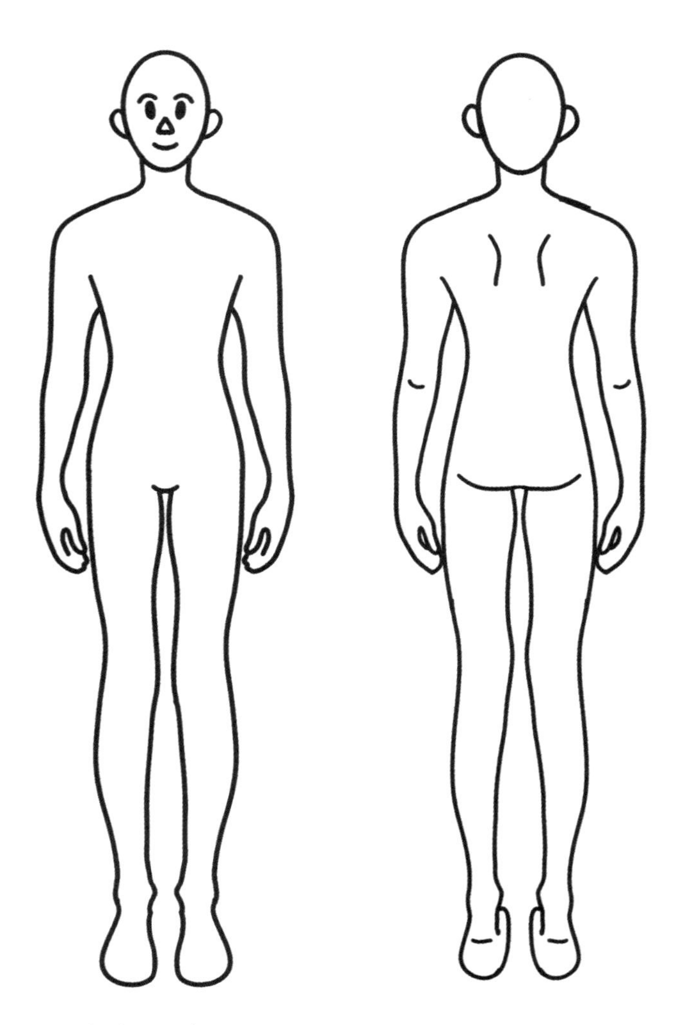

Legenda (cores):

- (azul)
- (verde)
- (amarelo)
- (alaranjado)

Atividade: Meu corpo real e imaginário (parte 2).

Objetivo: relaxamento e visualização para reconhecimento e valorização do eu.

Orientação: depois que o cliente mapear os pontos do corpo relativos ao exercício anterior, peça que se sente e relaxe na cadeira ou em um local confortável do consultório (tapete ou colchonete) e faça respirações profundas. Conduza a atividade para que o cliente preste atenção em cada parte do corpo, dos pés até a cabeça. Peça que observe se há alguma tensão em qualquer parte do corpo e solicite que direcione a respiração para aquele local e se sinta relaxar. A seguir, solicite que ele verbalize as partes do corpo que marcou (no exercício da parte 1) como áreas de prazer, alegria e satisfação e agradeça por serem saudáveis e perfeitas. Repita a mesma consigna anterior, mas enfocando as áreas em que identificou sentir medo, raiva, tensão e desprazer. Então o cliente deve agradecer por serem saudáveis, reconhecendo a importância funcional de cada parte e o que elas lhe possibilitam fazer (exemplo: "Agradeço pelas minhas pernas, que me permitem caminhar e sustentam o meu corpo").

Observação: ao final da visualização guiada, o cliente diz, internamente, palavras agradáveis para si, de modo que se sinta bem e relaxado ao abrir os olhos.

• ›

Atividade: Relaxamento total do corpo.

Objetivo: aprender a relaxar e aliviar a cabeça cheia de pensamentos preocupantes.

Orientação: diga ao cliente que feche os olhos, respire profundamente e relaxe o corpo todo. Conduza-o a prestar atenção na respiração e a inspirar profundamente, soltando em seguida todo o ar do pulmão pela boca. Repita a consigna três vezes e prossiga com a atividade de acordo com o roteiro a seguir.

Agora se observe dos pés à cabeça. Se há algo o(a) incomodando no seu corpo, dirija a respiração para o local de tensão ou dor e diga a essa área do corpo que se acalme, relaxe. Dirija a atenção para os pés, solte os dedos, os tornozelos e relaxe. Solte também a musculatura das pernas, da panturrilha e das coxas e ordene interiormente: "Está tudo bem comigo". Agora, sinta a barriga e o tórax, pedindo que relaxem. Preste atenção nos braços, nas mãos, sinta a palma e as costas das mãos, os dedos e solte-os. Peça às costas, aos ombros e ao pescoço que relaxem e solte a musculatura dessas partes. Suba para o rosto e relaxe a face, soltando o maxilar, as pálpebras, a testa. Relaxe a mente, não há nada com que se preocupar nem em que pensar. Mantenha a respiração profunda e relaxada. Sinta-se tranquilo(a), sereno(a), calmo(a). Bem devagar, volte ao momento presente e sinta sua presença no aqui e agora. Espreguice-se, mexa braços e pernas. Conte até três e abra os olhos quando sentir vontade. Pense em uma palavra boa que descreva sua sensação nessa experiência.

• ›

Atividade: Eu sou um todo.

Material: argila.

Objetivo: integrar emocionalmente a mente e o corpo.

Orientação: oriente o cliente a fazer um modelo de seu corpo utilizando argila. Depois, ele deve separar a cabeça do tronco e criar um diálogo entre ambas as partes.

1. O psicoterapeuta pode sugerir frases para que a pessoa complete:

- Cabeça — Parece que não funcionamos em harmonia.
- Corpo (a pessoa responde).
- Cabeça — Eu quero lhe dizer algumas coisas.

Dar continuidade ao diálogo.

2. Agora, a pessoa escolhe uma parte do corpo em que sente dor, desconforto, tensão ou medo e inicia uma conversa entre a cabeça e essa parte.

3. Em seguida, ela formula frases que demonstram que agora compreende a razão dessa dissociação entre a cabeça e o corpo. Exemplos:

- Eu agora entendo que:
- Minhas tensões corporais se devem a:
- A razão pela qual me sinto assim é:
- O que minha cabeça diz sobre meu corpo é:
- Minha cabeça e meu corpo podem conviver bem se:

• ›

Atividade: Desenhe o seu problema (indicada também para adolescentes).

Objetivo: ganhar consciência sobre o problema atual e inventar uma solução criativa.

Orientação: pense em um problema que está vivendo.

1. Desenhe um símbolo que represente o seu problema.

2. Imagine que você é esse símbolo. Descreva como é ser esse objeto, onde você está, para que serve, o que acontece nesse lugar, qual é sua importância. Preste atenção nos detalhes da sua forma, no seu tamanho, no peso, se há movimentos. O que você sente sendo esse símbolo?
3. Olhe novamente para o desenho e pense em como esse símbolo pode servir bem e positivamente (exemplo: digamos que o símbolo escolhido seja uma âncora, cuja função é afundar, prender, imobilizar. Para dar um significado positivo a ele, você pode desenhar um barco. Assim, essa âncora está prendendo o barco, enquanto você descansa para seguir a viagem).

Atividade: Muro das lamentações (indicada também para adolescentes).

Objetivo: tomar consciência de sentimentos reprimidos, desagradáveis, temidos.

Orientação: escreva nos tijolos do muro as mágoas/raivas/desilusões causadas por outros (pais, irmãos, amigos, marido, esposa).

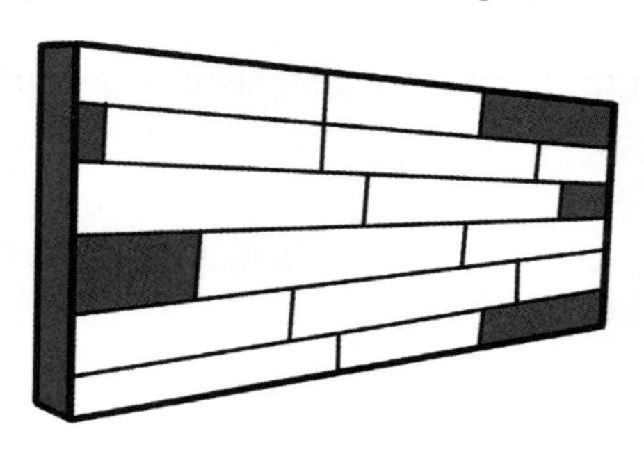

1. Complete as frases:

- Lamento pela raiva que sinto de ____________________
- Lamento pela mágoa que sinto por ____________________
- Lamento ter escutado ____________________
- Lamento ter vivido ____________________
- Lamento ter visto ____________________
- Lamento ter sofrido ____________________

2. Verbalize as seguintes frases: "Sinto muito por tudo isso que vivi!", "Sinto muito não ter tido uma boa relação com você, meu pai (ou mãe, marido, mulher, namorado, namorada)", "Eu deixo para trás tudo que me faz sofrer", "Eu deixo irem as decepções, raivas, mágoas, tristezas", "Eu sigo em paz com as minhas conquistas, vitórias, meus desejos, planos e a pessoa que sou!"

Atividade: Eu e o outro.

Objetivo: identificar as carências na relação com o outro.

Orientação: responda às perguntas a seguir.

1. O que preciso que o outro me dê em um relacionamento?

2. O que faço para receber do outro aquilo que necessito?

3. Se eu não receber, como me sentirei?

4. Qual é a minha fraqueza (ponto mais vulnerável)?

5. Qual é a minha força (característica mais forte)?

6. O que posso dar ao outro em um relacionamento?

7. Quando dou ao outro, como me sinto?

____

____

8. O que não recebo do outro, mas gostaria de receber?

____

____

Frases integradoras

- — Eu lhe dou ______________________ com todo o meu coração.
- — Eu recebo ______________________ com todo o meu coração.

• ›

Atividade: Diálogo entre o dominador (opressor) e o dominado (oprimido).

Objetivo: integrar as vozes internas que entram em conflito quando se precisa tomar uma decisão ou adotar determinado comportamento.

Orientação: identifique um conflito ou problema que esteja vivenciando. Descreva a situação (por exemplo: desentendimento com chefe, professor(a), amigo(a), marido, mulher) e siga os próximos passos.

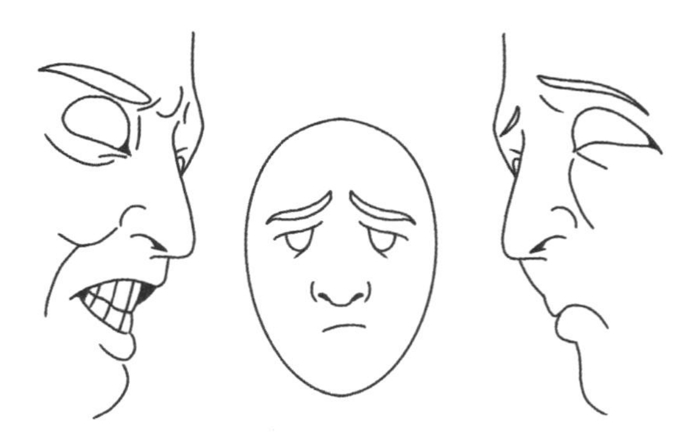

1. Escolha uma qualidade que represente a pessoa que está em conflito com você e uma qualidade que represente você nessa situação conflitiva.
2. Estabeleça um diálogo entre essas qualidades, ora sendo a outra pessoa, ora sendo você respondendo a ela.
3. Reflita sobre os aspectos bons e ruins de cada parte. Encontre uma forma de reconciliar essas partes que pertencem à sua personalidade.

Outro modo de conduzir

1. Identifique uma parte da sua personalidade que sempre está presente nos conflitos e nomeie a polaridade dessa parte.

2. Estabeleça um diálogo entre elas, seja por meio de um desenho, seja trocando de cadeira ao formular uma frase sobre suas queixas.
3. Imagine que você é a pessoa entre essas duas partes conflitantes (dominador/dominado), ouvindo as contradições, exigências e manipulações ditas por elas. Pense o que você pode dizer a cada uma para que haja uma reconciliação e a disputa de poder se encerre. Reconheça os aspectos positivos e negativos de cada parte e, separadamente, diga a elas. Tome consciência do que está sentindo e pensando.[4]

• ›

4. O conflito dominador/dominado é oriundo de crenças negativas introjetadas e de partes projetadas que criam um diálogo conflitivo entre duas vozes internas representativas de aspectos polares na personalidade.

Atividade: Pensamentos saudáveis e tóxicos.

Material: argila.

Objetivo: libertar-se dos pensamentos tóxicos e entrar em contato com os aspectos positivos da personalidade, com os sonhos e os desejos pessoais.

Orientação: prepare a argila para moldar duas tigelas.

1. Faça pequenas bolinhas com a argila. Jogue uma bolinha por vez na primeira tigela. Cada bolinha vai representar um pensamento negativo, um sentimento desagradável (culpa, acusações, raiva, medo), uma experiência dolorida vivida, alguma conduta inadequada que traga prejuízo a você ou aos outros.
2. Na outra tigela, ao jogar cada bolinha, reflita sobre seus pensamentos positivos em relação ao mundo, às pessoas e a você, suas atitudes virtuosas, suas conquistas; faça elogios e diga palavras boas a seu respeito. Observe e responda: em qual tigela você vê mais bolinhas de argila? Como cada tigela, com suas respectivas bolinhas, influenciou sua vida e suas experiências?
3. Agora, você vai eliminar a tigela com os conteúdos negativos, moldar uma nova e colocar bolinhas que representem seus sonhos, anseios, desejos de mudança e de realizações. Formule frases incentivadoras que façam você se sentir animado(a), confiante, merecedor(a) de buscar suas realizações verdadeiras.

• ›

Atividade: Liberando a raiva.

Material: argila.

Objetivo: expressar a raiva com consciência e mobilizar a energia agressiva.

Orientação: dê uma tábua de madeira, quadrada ou retangular, para o cliente. Tenha também uma tábua própria para manusear a argila. Faça uma bola com a argila e a jogue em cima da tábua com força, depois bata com as mãos na argila e verbalize:

1. Coisas que você deveria ter dito e não disse por medo.
2. Situações em que disse sim, mesmo querendo dizer não.
3. Momentos nos quais você foi calado(a) por alguém (exemplo: "Você não me deixou falar/você me inibiu quando ______________________").[5]

• >

5. A energia agressiva é aquela que mobiliza para uma ação de oposição, de enfrentamento, de iniciativa, de defesa da identidade contra a invasão alheia. Fortalece o eu quando o indivíduo expressa as próprias vontades, necessidades e opiniões.

Atividade: Integrando a criança interior.

Objetivo: tomar consciência do sofrimento, das dores e carências da infância, acolhendo os sentimentos como adulto.

Orientação: conecte-se com uma imagem da sua criança guiando-se pelas instruções a seguir.

1. Respire profunda e calmamente (três vezes). Entre em contato com seu corpo. Sinta a sua presença aqui e agora. Deixe vir à tona uma situação sua quando criança, junto com seus familiares (ou outras pessoas), na qual não se sentiu bem. Preste atenção à cena.
2. Desenhe a cena. Olhe para o desenho e veja o que está acontecendo. Descreva o que vê, como se estivesse no presente. Diga a essa pessoa como ela o(a) magoou, como você se sentiu ferido(a), triste, com raiva. Diga que ela agiu errado, foi intolerante, incompreensiva. Diga como ela deveria agir com você por ser apenas uma criança. Diga que ela é o adulto, que deveria saber a melhor forma de agir naquela situação.

3. Em seguida, imagine-se como o(a) adulto(a) que é hoje, aproximando-se da sua criança. Você caminha na direção dela, se posiciona à sua frente, se abaixa, pega carinhosamente suas mãos, olha amorosamente em seus olhos e diz: “Está tudo bem. Você fez o que podia fazer. Você é inteligente, escolheu a melhor maneira de lidar com seus pais (ou outros). Eu lhe agradeço por ter me ajudado a chegar até aqui na vida, por minhas conquistas (fale delas). Eu respeito muito você. Eu amo você. Agora eu o(a) compreendo e vou acolhê-lo(a) em mim”. Despeça-se da criança com muito amor e gratidão. Respire profundamente e abra os olhos quando sentir vontade.

• ›

Atividade: Conhecendo o eu.

Objetivo: fomentar o autoconhecimento.

Orientação: imagine que seu(sua) pai/mãe/irmão/irmã ou melhor amigo(a) entre pela porta do consultório e conte algo de você.

Perguntas norteadoras

- O que ele(a) falaria sobre você?
- Seriam coisas boas?
- Haveria alguma queixa?
- O que vocês têm em comum?
- No que diferem um(a) do(a) outro(a)?
- Tem algo que gostaria de mudar em você?

Agora se imagine daqui a um ano com as mudanças que deseja e desenhe essa imagem.

Atividade: Listando as culpas e os ressentimentos.

Material: folha de papel A4.

Objetivo: libertar-se das culpas, dos ressentimentos e da raiva.

Orientação: complete as frases a seguir.

1. Escreva todas as culpas que você sente e por quem as sente.

- Pai, eu me sinto culpado(a) por: ______________________
- Mãe, eu me sinto culpado(a) por: ______________________
- Pai, eu me sinto culpado(a) quando: ______________________
- Mãe, eu me sinto culpado(a) quando: ______________________

2. Escreva seus ressentimentos.

- Pai (mãe), eu me ressinto por você ter me dito: ______________________
- Pai (mãe), eu me ressinto por você ter agido: ______________________
- Pai (mãe), eu me ressinto por você ter me feito sentir: ______________________
- Pai (mãe), eu me ressinto por você ter me feito agir: ______________________

3. Escolha a figura parental de quem você guarda mais ressentimento. Imagine que seu pai ou sua mãe está à sua frente. Preste atenção em como está sentado(a), que roupa usa, qual a expressão em seu rosto, se olha para você. Perceba como ele(a) se sente. Observe também como você se sente. Respire profundamente. Cite uma culpa e, em seguida, um ressentimento, até expor todas as culpas e todos os ressentimentos que escreveu. Por último, diga: "Pai (mãe), eu o(a) culpo por me fazer sentir culpa".

4. Respire profundamente e diga: "Pai (mãe), eu me liberto de toda a culpa que sinto e que não é minha. Eu me liberto dos ressentimentos, da raiva e dos pensamentos que me aprisionam ao passado e me impedem de ser feliz. Eu me perdoo pela culpa que senti, pelos ressentimentos guardados, pelas raivas contidas. Agora eu me liberto das suas expectativas e exigências, e liberto você das minhas expectativas e exigências. Está tudo bem. Eu sigo leve, livre e confiante, sendo a pessoa que sou".[6]

• ›

6. O sentimento de culpa se forma quando a criança não cumpre com as exigências, imposições e cobranças (introjetos) dos pais, os quais reagem com ameaças de punição, abandono, rejeição e/ou críticas severas, provocando angústia na criança (o pensamento de que é má) por sentir ódio, contraditoriamente, pelas figuras parentais, a quem ama. Por trás da culpa, há raiva retrofletida e projetada.

Atividade: Acolhendo a criança interior (autonutrição).

Objetivo: integrar a criança feliz e a ferida na infância.

Orientação: deixe vir uma lembrança de como foi a sua infância; lembre-se de bons e maus momentos. Em seguida, escreva uma carta para você, pensando em quando era criança (veja-se em qualquer idade). Relembre suas habilidades corporais, suas qualidades e virtudes, suas vitórias, brincadeiras favoritas, aquilo que percebia que fazia melhor e, também, algo de que se arrependeu. Reconheça os bons momentos e os erros que pode ter cometido. Aceite e compreenda tais erros, pois você era apenas uma criança e estava aprendendo sobre si mesma, sobre a vida, seus pais, seus irmãos. Agradeça as coisas boas que fez para sua família e seus amigos. Escreva uma frase de respeito e amor para sua criança no final da carta.

Você pode iniciar assim:

Oi, ______________________! Hoje quero lhe contar como você era especial. Quantos momentos bons você viveu. Você tinha __________ anos de idade e suas maiores qualidades eram ____.

Você era bom(boa) em ______________________.
Você se divertia muito quando ______________________.
Eu o(a) respeito muito por ______________________.
Eu amo você por ______________________.

Observação: lembre-se de todo dia fazer um mimo/agrado para você (escutar uma música do passado de que gostava, comer algo que lembre sua infância, andar descalço(a), brincar, praticar um esporte ou outra atividade que lhe agrada). Leia sua carta todos os dias, por uma semana, e repita aquela frase mais importante para você.

Atividade: Libertando o(a) prisioneiro(a).

Objetivo: concretizar a posição de aprisionamento em razão de crenças limitantes, que impedem mudanças de comportamento e uma nova visão de si e do outro.

Orientação: liste as crenças fixadas e os pensamentos negativos que limitam seu jeito de viver e que impedem novos comportamentos e novas respostas no mundo. Seja esse boneco.

Perguntas norteadoras

- Boneco, desde quando você está preso?
- O que fez para estar preso?
- O que faz e pensa para se manter preso?
- Existe alguém que o prende?
- Há alguma forma de se libertar?
- Se você fosse libertado, teria alguma preocupação ou medo?

• ›

Atividade: Meu paraíso, meus sonhos.

Objetivo: criar um lugar pessoal de calma, conforto e confiança em si.

Orientação: realize os passos a seguir.

Feche os olhos e visualize uma luz dourada sobre a sua cabeça. Ela tem o tamanho do sol e irradia muitos raios. Essa luz envolve seu corpo por inteiro. Agora, imagine-se caminhando em uma estrada larga (pode ser de terra, areia, grama), em um lugar muito bonito. De repente, você enxerga um portal gigante com todas as cores do arco-íris. Você se aproxima e abre o portal. Fica deslumbrado(a) com a beleza do lugar. Você vê um jardim cheio de flores de todas as cores, cachoeiras, rios, um campo verde, pássaros, animais alegres, pequenos e grandes. Você se sente muito feliz, leve e tranquilo. Então, visualiza seus sonhos e consegue enxergar cada um se realizando. Você pensa: "É possível realizar os meus sonhos! Eu posso ser feliz! Sou capaz e mereço! Está tudo bem comigo! Está tudo bem em minha vida! Estou aberto para grandes mudanças em mim!" Você dá uma última olhada ao redor e guarda na memória a beleza do local e a sensação de felicidade. Despede-se desse lugar. Respire profundamente, sinta seu corpo. Quando quiser, pode abrir os olhos.

Observação: converse com o(a) cliente sobre a experiência de fantasia dirigida.

• ›

OITO

A FAMÍLIA — ATIVIDADES ESPECÍFICAS

Atividade: Relembrando a infância ou a adolescência em família.

Material: sacola de papel ou caixa com tampa.

Objetivo: conectar pais e filhos para relembrar momentos importantes da infância ou da adolescência de cada um.

Orientação: a atividade pode ser feita tanto completando as frases quanto recortando as perguntas e colocando-as em uma sacola ou caixa com tampa, para que cada membro da família retire a sua pergunta e complemente com suas primeiras lembranças sobre cada tema.

MEU PRIMEIRO ATO DE GENTILEZA OU DE BONDADE:

____

MINHA PRIMEIRA HISTÓRIA ENGRAÇADA:

____

A PRIMEIRA VEZ QUE USEI UMA ROUPA DOS MEUS PAIS:

____

MINHA PRIMEIRA FOTO OU VÍDEO:

____

MEU PRIMEIRO MEDO:

____

MEU PRIMEIRO LIVRO:

____

MINHA PRIMEIRA PALAVRA:

____

O PRESENTE DE QUE MAIS GOSTEI:

____

MINHA PRIMEIRA VITÓRIA:

A PRIMEIRA VEZ QUE PERDI EM UM JOGO OU UMA BRINCADEIRA:

MEU(MINHA) PRIMEIRO(A) MELHOR AMIGO(A):

MINHA PRIMEIRA MEMÓRIA DE VIDA:

MEU PRIMEIRO BRINQUEDO:

MINHA PRIMEIRA ESCOLA:

MINHA PRIMEIRA MÚSICA FAVORITA:

MINHA PRIMEIRA BRIGA OU BIRRA:

MEU PRIMEIRO ANIMAL DE ESTIMAÇÃO:

MEU PRIMEIRO FILME FAVORITO:

MINHA PRIMEIRA VIAGEM:

MEU PRIMEIRO APELIDO:

Atividade: Fazendo mímica de características marcantes (positivas e negativas) dos membros da família.

Objetivo: que cada um tome consciência de como são percebidos pelos outros familiares, utilizando uma forma lúdica de expressão.

Orientação: pense nos integrantes de sua família, em um jeito bom e outro desagradável de se comportar perante você e os demais membros. Faça uma mímica desse comportamento ou da expressão facial marcante. Os outros têm de adivinhar de quem se trata e depois comentar sobre o que pensam e sentem.

• ›

Atividade: Exercitando o contato íntimo em família.

Material: papel A4, caneta, lápis, caixa, saco de papel, caixa com tampa.

Objetivo: promover maior intimidade e contato entre os membros.

Orientação: escolha a melhor forma de execução. A atividade pode ser feita tanto completando as frases quanto recortando as perguntas e colocando-as em uma sacola ou caixa com tampa. Desenhos também são bem-vindos.

Perguntas norteadoras

- Qual é a principal qualidade do seu pai e/ou da sua mãe?
- Que coisas divertidas vocês gostam de fazer juntos?
- Em que momentos a família precisou de sua ajuda ou você precisou da ajuda dela?
- Que momento especial sua família viveu em conjunto (os outros terão de adivinhar que momento foi esse)? Desenhe-o.
- Qual é a palavra ou a frase que vocês mais falam em casa?
- Qual o valor mais importante ensinado por sua família?
- Qual é a pessoa da sua família que sabe mais sobre os seus segredos?
- Qual é o superpoder da sua família? Pense na característica familiar que represente todos e seja uma qualidade forte.
- O que gostaria que sua família compreendesse sobre você?
- Quem na família é mais compreensivo(a) e paciente?
- Quem é a pessoa mais carinhosa? E a mais divertida?
- Quem é a pessoa mais brava ou irritada?
- Você tem medo de alguém da sua família?
- Qual é a mensagem/o pedido mais importante que você gostaria de transmitir/fazer à sua família?

Atividade: Conscientizando-se dos conflitos familiares.

Material: papel A4 e lápis de cor.

Objetivo: conscientizar as pessoas sobre questões familiares problemáticas.

Orientação: desenhe o maior problema da família e responda às perguntas a seguir.

Perguntas norteadoras

- Qual é o problema da família?
- Desde quando vocês percebem esse problema?
- É sempre a mesma pessoa que cria o problema?
- Tem alguém que tenta resolver o conflito?
- Tem alguém que acaba agravando o conflito?
- Tem alguém que evita se envolver na situação de conflito?
- O que vocês aprendem um com o outro sobre lidar com problemas e conflitos?
- Qual seria a melhor forma de resolver esse problema ou conflito?

Observação: no final, o terapeuta pede que cada pessoa olhe para as demais e diga como pode resolver o problema familiar.

• ›

Atividade: Minha família é assim.

Material: papel A4 ou cartolina.

Objetivo: ampliar a consciência em relação às características e diferenças de cada membro da família.

Orientação: Desenhe sua família de acordo com as instruções a seguir.

1. Coloque em cada círculo os membros da sua família nuclear (pai, mãe, padrasto, madrasta, irmãos, namorado(a), marido, esposa e a si próprio).
2. Descreva as características positivas e negativas de cada membro, puxando uma seta para fora do círculo.

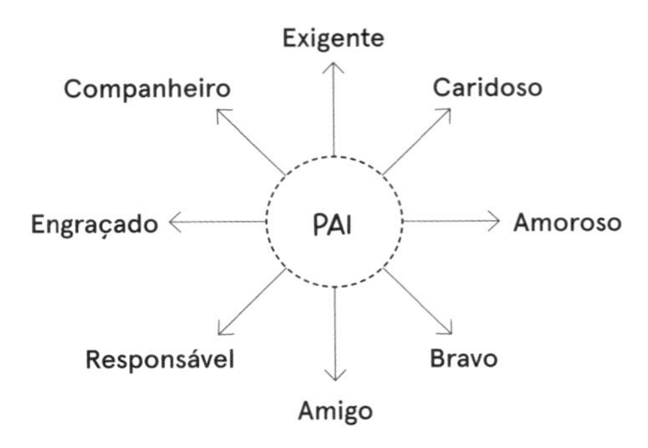

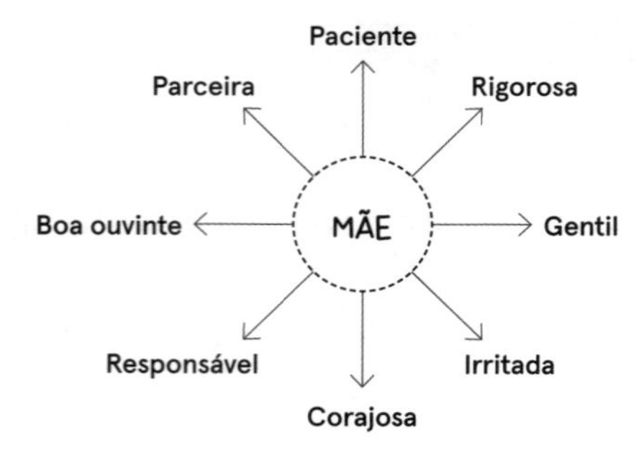

Responda

- Que membro da família foi mais difícil de descrever? E o mais fácil?
- Em quem você mais confia? O que ele(a) faz para merecer sua confiança?
- Que semelhanças e diferenças percebe entre você e seu pai? E em relação à sua mãe?
- Você gostaria de ter algo parecido com seus pais?
- Que características não o(a) agradam em cada um?

3. Escreva três frases sobre você, iniciando assim:

- Eu sou ______________________________
- Eu sou ______________________________
- Eu sou ______________________________

4. Leia as seguintes frases e sinta-as no coração: "Eu sou eu, e vocês são vocês. Eu agradeço tudo de bom que puderam me dar. Liberto vocês de minhas expectativas e me liberto de suas expectativas. Eu sigo minha vida sendo o que sou. Eu confio em mim, aceito minha história e respeito tudo que vivi com vocês. Eu me aceito, eu me respeito, eu me amo do jeito que sou!"

Atividade: Linhas do eu e das emoções.

Material: papel A4, lápis de cor.

Objetivo: expressar como percebe emocionalmente cada pessoa da família para aumentar o contato e a comunicação direta.

Orientação: desenhe três linhas em movimento e em cores, uma abaixo da outra, que representem como você percebe emocionalmente seu pai e sua mãe, separadamente (exemplo: se percebe o pai nervoso, desenhe uma linha com altos e baixos, de cor amarela; se percebe a mãe calma, desenhe uma linha suave, reta, de cor azul). Para ilustrar:

1. A criança e/ou adolescente entrega para cada um dos pais os seus desenhos e eles tentarão adivinhar o significado emocional das três linhas. Após cada linha-emoção adivinhada, todos conversam.
2. Os pais entregam para a criança e/ou adolescente os seus desenhos para que tente adivinhar. Conversam, depois, sobre as linhas das emoções.

Observação: para aumentar a consciência de cada pessoa sobre a dinâmica intrafamiliar, o terapeuta faz observações sobre o modo como cada um se expôs (postura corporal, tom de voz, olhar) e sobre o que ouviu da família.

• ›

Atividade: Fortalecendo o eu.

Material: papel A4, lápis de cor.

Objetivo: reconhecer e reforçar as qualidades de cada membro da família (autonutrição).

Orientação: escreva o nome da sua mãe, do seu pai e/ou o seu nome na folha, na vertical, usando lápis de cor.

1. Em cada letra do nome, escreva uma qualidade de sua mãe, do seu pai e de si mesmo(a). Por exemplo:

    MARAVILHOSA
    ANIMADA
    RISONHA
    INTELIGENTE
    AMOROSA

2. Lembre-se de uma situação que reflete cada qualidade escrita e comente. Leve para casa, cole na parede ou na porta de seu quarto.

• ›

Atividade: Minha família e eu.

Material: papel A4, lápis de cor, giz de cera.

Objetivo: ampliar o conhecimento da dinâmica familiar.

Orientação: imagine-se junto com os membros da sua família em algum lugar. Em seguida, desenhe a imagem que surgiu ou use bonecos para representar a cena.

Perguntas norteadoras

- O que vocês estão fazendo juntos? Onde estão?

- Descreva o que está acontecendo nessa cena.

- O que você pensa sobre essa família? Como se sente? Como as outras pessoas se sentem?

- Tem algo que você gostaria de dizer a alguém da família?

- Olhe novamente para o desenho e veja se há algo que você deseja mudar ou acrescentar na imagem.

Atividade: De quem sou mais próximo(a), de quem sou mais distante.

Objetivo: tomar consciência das fronteiras afetivas entre os membros familiares.

Orientação: escolha alguns bonecos da família terapêutica[7] para representar os membros da sua família e posicione-os em ordem de importância.

1. Olhe para a disposição deles e responda: você organizou sua família em uma ordem de hierarquia? Observe quem está próximo de você e quem está distante e responda se a distância física tem relação com a distância e a proximidade afetiva entre vocês. Você gostaria de ser mais próximo(a) de alguém da família? Quem é o(a) mais próximo(a) do seu pai? E da sua mãe? Quem é o(a) mais distante da família? Qual é o motivo desse distanciamento?

___

___

___

___

2. Agora, coloque o seu boneco em frente ao boneco da sua mãe e diga: "Mãe, eu sou seu(sua) filho(a), e você é minha mãe! Eu quero lhe dizer algo que eu nunca disse. Eu pre-

7. Os bonecos da família terapêutica são utilizados para ajudar as crianças a expressarem suas emoções, experiências e seus relacionamentos familiares de maneira simbólica e lúdica. Eles representam diferentes membros de uma família ou figuras significativas no ambiente da criança e podem variar em aparência, tamanho, cor e características.

ciso que você _________________________________". "Você pode deixar de fazer _________________________________."

3. Em seguida, faça o mesmo com o seu pai: "Pai, eu sou seu (sua) filho(a), e você é meu pai! Eu quero lhe dizer algo que nunca disse. Eu preciso que você __________________________". "Você pode deixar de fazer __________________________________."

Observação: se quiser, a pessoa pode escolher outro membro da família para lhe dizer algo importante.

• ›

Atividade: Meu pai e minha mãe, reais e ideais.

Objetivo: entrar em contato com o pai e a mãe reais para tomar consciência das pessoas que eles são, com suas carências e limitações afetivas.

Orientação: feche os olhos e deixe vir uma imagem do seu pai ou da sua mãe. Olhe para ele(a) direto nos olhos. Observe seu rosto, a expressão de seu olhar. O que você sente? Comece a lembrar de situações em que você se sentiu frustrado(a) com sua mãe ou seu pai, em que não se sentiu compreendido(a), escutado(a), visto(a), cuidado(a). Agora diga em voz alta:

- Pai (mãe), eu sempre esperei que você me desse

  ____

- Pai (mãe), eu sempre esperei que você fizesse

  ____

- Pai (mãe), eu sempre desejei que você fosse

  ____

- Pai (mãe), eu reconheço as suas limitações, as suas carências. Eu agora o(a) liberto das minhas expectativas. E eu me liberto das suas expectativas e exigências. Eu cresci, já sou adulto(a), tenho minhas escolhas, vontades e meus desejos. Sigo com o que você me ensinou de bom e conseguiu me dar. Deixo para trás as dores, os medos, as frustrações, as carências e a raiva.

• ›

Atividade: Nuvens de pensamento.

Material: papel A4 ou cartolina, caneta, lápis.

Objetivo: conscientizar as pessoas sobre os julgamentos que existem na família.

Orientação: desenhe sua família e coloque nuvens sobre cada pessoa.

1. Escreva o que pensa sobre si e sobre cada membro da sua família (pais, irmãos, avós, filhos, tios).

- Eu penso que meu pai é ______
- Eu penso que a minha mãe é ______
- Eu penso que meu irmão é ______
- Eu penso que minha irmã é ______

2. Em seguida, escreva o que cada membro da família pensa sobre você:

- Meu pai pensa que eu sou ______
- Minha mãe pensa que eu sou ______
- Meu irmão pensa que eu sou ______
- Minha irmã pensa que eu sou ______
- O que cada pessoa da minha família pensa de mim é verdadeiro? ______
- O que eu penso de cada um é verdadeiro? ______

3. Escreva o que cada membro dessa família pensa um do outro:

- Meu pai pensa que minha mãe ______
- Meu pai pensa que meu irmão ______
- Meu pai pensa que minha irmã ______

- Minha mãe pensa que meu pai ___
- Minha mãe pensa que meu irmão ___
- Minha mãe pensa que minha irmã ___
- Meu irmão pensa que meu pai ___
- Meu irmão pensa que minha mãe ___
- Meu irmão pensa que minha irmã ___
- Minha irmã pensa que minha mãe ___
- Minha irmã pensa que meu pai ___
- Minha irmã pensa que meu irmão ___

4. Escreva o que pensa da sua família:

- Minha família é ___
- O que mais gosto na minha família é ___

5. Finalize a atividade afirmando: "Essa é a família que eu tenho. Eu aceito aquilo que eles conseguem me dar. Sinto muito por não conseguirem me dar o que preciso. Eu cresci, sou adulto(a). Sou responsável pela minha vida, por minhas decisões e escolhas.

• ›

NOVE

A ARTE FINAL

[...] cada gestaltista trabalha com o que ele é, tanto quanto com aquilo que sabe, em seu próprio estilo, integrando à experiência pessoal e profissional anterior e confiando em sua própria sensibilidade e criatividade específicas.

(Ginger e Ginger, 1995)

Escrever este livro nos fez conciliar o artista e o cientista que há em nós. Contudo, o artista se encontra, muitas vezes, adormecido no exercício da psicoterapia. A ciência, aliada à arte, como produto da criatividade do psicoterapeuta, facilita substancialmente o desabrochar da criatividade daquele que está em atendimento. Este, por sua vez, ao se permitir utilizar a arte como recurso lúdico, abre as vias de acesso à consciência de seus medos, traumas, conflitos. A arte tem uma enorme força para derrubar a censura da mente e, assim, adentrar o mundo psíquico, povoado de fantasmas e imagens oníricas não conscientes.

O psicoterapeuta não pode utilizar técnicas sem estar fundamentado na teoria psicológica que escolheu para atuar na clínica — do contrário, sua práxis cairá no vazio infértil, não produzirá bons frutos para o crescimento emocional do cliente. O bom psicoterapeuta acredita no potencial criativo e curador do cliente. Demonstra essa crença por meio de palavras e ações que o incentivam a superar o sofrimento e a buscar a transformação regeneradora do seu ser.

A caminhada é dura, cheia de pedras e espinhos, não é para aqueles sem coragem. A presença consciente do terapeuta, ao estar diante do outro com disponibilidade verdadeira, escuta acolhedora e olhar atento, tem o poder de despertar o cliente para a esperança da mudança, para o desejo de encontrar outro eu que não aquele que o atormenta, para caminhar em direção a um lugar dentro de si que lhe devolva a paz interior e o equilíbrio emocional.

A Gestalt-terapia — como teoria que prima pela compreensão do todo em inter-relação com as partes que lhe dão identidade, pelo viver com mais consciência, pelo tornar-se presente no aqui e agora da experiência, pelo ver-se como um ser de relação cuja existência é importante na existência do outro — convida o ser humano a pensar em interconexões e, assim, a entender que somos corresponsáveis pelo bem-estar do outro e do mundo. A noção de ajustamento criativo põe em evidência o papel ativo do indivíduo de transformar a realidade, de buscar a mudança e o novo, tomando por impulso a própria criatividade e força.

Portanto, a Gestalt-terapia se configura como uma terapia criativa que, ao enveredar pela busca da totalidade da pessoa, investe na exploração dos seus dons e talentos (e não somente dos sintomas); incentiva o terapeuta a trazer toda sua experiência de vida e potencial humano para dentro do cenário terapêutico, "com total permissão para criar oportunidades e inventar experimentos, atividades, materiais que levem a criança, o adolescente, o adulto a um processo contínuo de crescimento integrador e pleno" (Antony, 2012, p. 24).

Encerramos nosso livro com a certeza da relevância do trabalho do psicoterapeuta para o bem-estar da humanidade, para a restauração do equilíbrio emocional, da paz interior, da alegria. Cremos na capacidade de cada indivíduo para alcançar a plena realização do seu ser, o pertencimento ao mundo de acordo com o que ele é, e não conforme as exigências sociais. Tudo isso pode ser resumido nesta oração do documentário *Quem se importa*:

> Que nos lembremos de nossas maiores aspirações e possamos trazer nossas dádivas de amor e trabalho para o altar da

Humanidade. Que nos lembremos uma vez mais de que não somos seres isolados, mas conectados em mistério e encantamento a este Universo, a esta comunidade, uns aos outros![8]

• ›

8. *Quem se importa* (2011). Direção: Mara Mourão. Produção: Mamo Filmes e Grifa Filmes.

Referências

ANTONY, Sheila. *Cuidando de crianças — Teoria e arte em Gestalt-terapia*. Curitiba: Juruá, 2012.

CIORNAI, Selma (org.). *Percursos em arteterapia — Arteterapia gestáltica, arte em psicoterapia, supervisão em arteterapia*. São Paulo: Summus, 2004. v. 1.

FEDER, Bud. *Peeling the onion — A Gestalt therapy manual for clients*. Nova Jersey: Bud Feder & Ruth Ronall, 1993.

GELEWSKI, Rolf. *Crescer — Dançando — Agindo — Exercícios e brinquedos de movimentação para crianças*. Salvador: Casa Sri Aurobindo, 1985. v. 1.

GINGER, Serge; GINGER, Anne. *Gestalt — Uma terapia do contato*. São Paulo: Summus, 1995.

GOLEMAN, Daniel; KAUFMAN, Paul; RAY, Michael. *O espírito criativo*. São Paulo: Cultrix, 1992.

JULIANO, Jean Clark. *A arte de restaurar histórias — O diálogo criativo no caminho pessoal*. São Paulo: Summus, 1999.

MURGO, Gabriela Regina. *Gestar-se: resgatar a criança interior — Gestalt e arteterapia*. Rio de Janeiro: Semente, 2013.

PERLS, Laura. *Viviendo en los limites*. Valência: Promolibro, 1994.

POLSTER, Erving; POLSTER, Miriam. *Gestalt terapia integrada*. São Paulo: Summus, 2001.

VIRGOLIM, Angela M. Rodrigues; FLEITH, Denise de Souza; NEVES-PEREIRA, Mônica Souza. *Toc, toc... plim, plim! — Lidando com as emoções, brincando com o pensamento através da criatividade.* Campinas: Papirus, 1999.

VIVIANI, Mirella D'Angelo. *Si brinca — Relatos brincadeiros em homenagem aos mestres da infância.* São Paulo: Graphium, 2001.

WINNICOTT, Donald W. *O brincar e a realidade.* Rio de Janeiro: Imago, 1975.

ZINKER, J. *Processo criativo em Gestalt-terapia.* São Paulo: Summus, 2007.

Agradecimentos

Meu coração transborda de gratidão a Deus, fonte de minhas inspirações, escolhas e decisões.

Agradeço à Daniela, que, com sua criatividade na aplicação de dinâmicas e dedicação amorosa à clínica, motivou-me a escrever mais uma obra — desta vez, leve, lúdica, voltada para a arte, porém sempre apoiada na teoria.

Meu agradecimento a Hilda Curcio, que realizou a revisão gramatical de meus dois livros anteriores e deste escrito com Daniela, sempre com muita competência e dedicação, apresentando, cada vez mais, elevada qualidade de trabalho.

SHEILA ANTONY

Minha gratidão àqueles que me deram o dom da vida ontem, orientam-me hoje e se orgulharão de mim amanhã — minha amada mãe, Lúcia Tósca, que foi minha primeira inspiração na psicologia (e é a minha melhor amiga), e ao meu querido pai, Adilson Bai (*in memoriam*), meu maior apoiador.

Agradeço também ao meu padrinho, Luis Tósca, que viu em mim uma psicóloga em potencial desde pequena, antes mesmo de eu iniciar minha graduação. E, especialmente, ao meu amado marido, Thiago Brandão, que me incentivou ao longo da minha jornada profissional, ajudando-me a crescer e a prosperar.

Também agradeço à minha mentora, professora e psicoterapeuta Sheila Antony, que me guiou desde o início da minha carreira e acreditou em mim da idealização à concepção deste livro, sendo uma fonte constante de inspiração e admiração na minha trajetória profissional.

Daniela Bai

Grupo Summus
www.gruposummus.com.br
www.gruposummus.com.br
Acesse, conheça o nosso catálogo e cadastre-se para receber informações sobre os lançamentos.

www.gruposummus.com.br